「あの人はできる」と思われる人の91のルール

浜口直太

PHP文庫

○本表紙図柄＝ロゼッタ・ストーン（大英博物館蔵）
○本表紙デザイン＋紋章＝上田晃郷

Prologue 「『超』ダメ社員」だった私

あなたは自分のことを「できる社員」だと思いますか？

「はい！」と答えた方、本当にそうですか？

じゃあ、そもそも周りの人々は、あなたのことを「できる社員」だと思っていますか？

自分のことを「できる社員」と思っている人に限って、周りの人はそう思っていないことが多いのをご存知ですか？

そんな人は大いなる勘違いをしているのです。

なぜそんな勘違いをするのでしょうか？

簡単です。

自分自身の評価が甘いからです。謙虚でないからです。謙虚でないから客観的に自分を見られないのです。ちょっと何かができただけで、そこを拡大して見てしまうのです。

それでは、「できる社員」とはどんな人をいうのでしょう?

単に仕事ができるだけではなく、人間的にも立派な人を指します。

その場合の「できる」ということは、人間関係マネジメントが上手であることも意味します。つまり、仕事が速く正確で質が高いのみならず、人間性も優れているのです。

そんな人は誰からも頼られますし、将来間違いなく出世し、人の上に立つことになるでしょう。どこに行っても通用する人で、職場ではとても重宝がられます。

ところが、残念ながらそんな「できる社員」はなかなかいません。さらに、最初から「できる社員」だった人はほんの一握りなのです。

ほとんどの今の「できる社員」は、仕事を通じて、どんどん学び成長して、「できる社員」になっていったのです。

ですから、今は「できる社員」でなかったとしても、がっかりしないでください。心がけと努力次第で、近い将来「できる社員」になれますから。

私なんかは、新人の頃、まったくできない『『超』ダメ社員」でしたから、苦い体験を毎日していました。職場でかなりご迷惑をかけたと思います。

ですが、心がけと努力でなんとか乗り越えてきました。特に心がけは最も大切でした。

その心がけというのは、世のため人のために、誠実に言動していくことです。もっと具体的に言いますと、私にとって世のためというのは、会社やお客様のためであり、人のためというのは、お世話になっている周りの人たちのためでした。

その心がけを持つのは難しくありませんでした。でも、それをどこまでも維持し続けることが大変だったのです。

その心がけを維持するために、絶えず新しいことに挑戦し、弱き自分と戦わなければなりませんでした。

そんなことから、私自身毎日弱き自己に挑戦し続けてきました。

正直に言いますと、結構負けてばかりでした。でも段々勝てるようになりました。

現在は、一週間五労働日あるうち、三日勝って、二日負ける、つまり三勝二敗というところでしょうか。

おわかりのように、「できる社員」になるということは、日々精進して努力を怠らないということです。

大変そうですが、でも自分が人間的に成長していく姿を見るのは、嬉しいしやりがいがあるものです。

ぜひいっしょにチャレンジしませんか！

「あの人はできる」と思われる人の91のルール◉目次

第3章 「できる社員」になる「心がけ」

第4章 「できる社員」になる自己管理術

第5章 「できる社員」になるコミュニケーション術

第6章 「すごい社員」を目指す

第1章　仕事とは「戦い」と心得よう

仕事は戦い
職場は道場。
一歩外に出れば
そこはもう壮絶な戦場。

だから革命的危機感で
弱き自己に挑戦する者のみ
勝者となる。

直太

浜口
直太

01 仕事は戦い

成功した人の共通点の一つは、「仕事は戦い」であることを悟り、真剣勝負の戦いを繰り広げてきたことだ

人生長いようで短いものです。その中でほとんどの人にとって最も多くの時間を費やすのが、仕事です。

ですから、人生を懸けられるぐらい好きな仕事ができればとても幸せです。

しかし、大半の人はそんな、自分にとって魅力的な仕事にはつけていないのではないでしょうか。

哀しいかな、でもそれが現実なのです。

それから目をそらしたら「現実逃避」となります。

私が日米アジアでのビジネスの世界で、二十五年以上見てきた限りにおいて、「できない社員」は、「現実逃避」型人間が圧倒的に多かったのです。

何事においても「現実逃避」を始めたら、負けの人生へとはまっていきます。なぜなら、人生において勝つということは、日々の現実で結果を出すことだからです。

仕事に対して、よく勘違いしている人がいます。

仕事は単に楽しいほうがいいと思っているのです。ですので、楽しくない仕事はすぐに辞めてしまいます。そして、どんな仕事も長続きせず、仕事から仕事へと転々としてしまうのです。

そんなことを続けていたら、一生楽しい仕事を追い求め、結局見つからずして終わってしまう人もいるでしょう。

とにかく今、楽しくない仕事、辛い仕事はやるべきでないと思っている人が多くいるのです。そんな人は、挙句の果ては、フリーターとかニート生活で生涯を終えるのです。

彼らからしてみれば、どんな仕事もつまらないのですから、お金に困ったら、ちょっとだけ働いて、ちょこっとだけ貯めて、すぐにその仕事を辞めて働かなくなるのです。

これは勘違いどころか、大きな間違いだと思います。

彼らは、そもそも人間にとっての仕事の意義がわかっていません。何のために仕事をするのか、です。

私の仕事の定義は、「人間性を向上させるために行う、世のため人のため自分のための訓練・修行」です。

私だけでなく、二十年間の米国生活の中で、私が個人的にお付き合いさせていただいた、世界的な大富豪、大起業家・経営者、一流のプロフェッショナルの方々も、同じ仕事の意義と価値観を持って、働かれていました。

さらに、悠々自適な生活を送っている彼ら成功者たちが、共通して持っていた体験でもある認識がありました。

それは、「仕事は戦い」ということです。

成功者である彼らも、最初はお金も能力も何もなかったのです。むしろ、恵まれない家庭だったり、貧しかったり、頼れる人がいなかったりで、苦難の連続だった人が多いのです。そんな中、社会に出て必死に頑張り、仕事で成果を出していきました。言葉でいうのは簡単ですが、仕事という一つひとつの壮絶な戦いに勝っていったのです。もちろん、負けることもあったでしょう。しかし、長期的・総合的には勝ったのです。

そんな彼らの真剣な戦いを通して、仕事というものは、一見簡単なようですが、しっかり成果を出し、信頼を得続けるには、どれだけ大変なものなのかを私は思い知らされたのでした。それも、どんな仕事であっても、です。先人が言ったように、「職業に貴賤はない」のです。

つまり、どんな仕事をするにも、真剣に全力でやらなければ信頼も得られなければ、成果も出ないということです。

仕事をするということは、まさに「真剣勝負の戦い」をすることなのです。そのことを悟り、仕事でいつも「真剣勝負の戦い」をしていけば、間違いなく上司や周りから評価・信頼を得、成果も出ることでしょう。

ですから、仕事で成果を出したかったら、「できる社員」になりたかったら、「仕事は戦い」であることを肝に銘じ、一つひとつの仕事において、気を緩めることなく真剣に全力で戦おうではありませんか！

そうすれば、実はほとんどの場合、仕事は段々楽しくなり、好きにもなっていくものです。それも表面的なレベルではなく、心からです。

なぜなら、自分自身の人間性が、仕事を通じて向上していくのがわかるからなのです。真剣にやればやるほど、世のため人のため自分のためになる訓練・修行を受けているのが、実感できるようになるでしょう。

02 職場は道場

現代社会において、職場ぐらい道場といえるところはないだろう。職場ぐらい人間として切磋琢磨でき、鍛えられる場所はないからだ

仕事の定義を「人間性を向上させるために行う、世のため人のため自分のための訓練・修行」として紹介しました。

その訓練・修行の場所が、職場です。ですから、「職場は道場」といえるのです。

残念ながら、「職場は道場」と思って働いている人はそう多くないようです。

しかし、「できる社員」として評価を受けている人は、意識のあるなしにかかわらず、「職場は道場」という感覚を持っています。

それはなぜでしょう?

「できる社員」は、何事に対しても全力かつ真剣勝負でやっているからです。それも、一瞬一瞬です。ですから、結果的には「職場は道場」として働いているのと同じなのです。

「できる社員」といっしょに働くと、その真剣味が伝わってくるものです。

先日私は、会社の朝礼で次のように厳しく言いました。

「神聖なる職場で他人をおちょくる人がいるようです。言語道断です！　そんな人はうちの会社にはいりません。もし、改められなければ、すぐに辞めてください。『仕事は戦い』であり、『職場は道場』です。これが理解できない人は、うちにはいりません！」

わたしの会社は、経営者や企業に対して指導・支援する経営コンサルティング会社ですが、片やれっきとした「吹けば飛ぶような」零細中小企業です。

中小企業の宿命として、日々毎年食うか食われるかの戦いを強いられます。ちょっと気を抜いただけで、会社は傾き始めます。真剣勝負以外の何者でもありません。

したがって、その厳しい現実を、私の言動を通して伝えてきたつもりでした。それだけに、わかっていない社員がいるのを知ってショックでした。

中小企業といえども社員、つまりサラリーマンであれば、自動的に給料が貰《もら》えます。それに油断して真剣味のない社員が出てくるものです。

でも、中には一瞬一瞬真剣に仕事で戦っている社員もいます。それが「できる社員」と「できない社員」の大きな違いとも指摘できます。

「できる社員」は、何事においても全力かつ真剣にやります。たいへんな危機感を持って仕事をしています。ですから、自然に「職場は道場」になっていくのです。「職場は道場」ですから、出社の際は「お願いします！」という気持ちで「おはようございます！」と、また退社の時は「ありがとうございました！」が、「お先に失礼します！」とか「お疲れさまでした！」というあいさつになります。

道場に入る時と退場する時ですから、誠心誠意のあいさつをしなければなりません。

出社の際は、その日一日の仕事で鍛えてもらえるわけですし、退社の際は、実際に人間としてさまざまな訓練と修行をさせていただいたのです。

本当に有り難いことです。頭が下がる思いにならなければ、その人はその道場である職場にいないほうがいいでしょう。

もし、このことが理解できなければ、「人間性を向上させるために行う、世のため人のため自分のための訓練・修行」の意義と大切さを、上司や先輩から徹底的に教わるべきでしょう。

「職場は道場」というくらいの心構えがなければ、「できる社員」にはいつまで経ってもなれないことを覚悟するべきです。

03 職場を出ればそこは戦場

仕事は戦い、職場は道場、職場を出ればそこは戦場。道場での真剣な戦いが、戦場での実力となる

真剣に仕事をしている人なら誰でもわかることですが、職場を一歩出れば、そこはもう待ったなしの厳しい戦場です。

周りには、戦いの相手ばかりで、助けてくれる人はそうはいません。頼れるのは、自分一人であり、その自分の実力のみです。

であるならば、普段から道場である職場で真剣に訓練を受け、しっかり練習・修行をして、力をつけていなければなりません。

しかし、職場にいれば、教えてくれたり、助けてくれたりする上司も先輩もいます。ですから、残念ながら、ついつい頼りきりになったり、甘えてしまいがちなのです。

そんな甘えがあれば、外での戦いに敗れてしまいます。

「道場での訓練・修行で勝てない者が、いざという実際の戦場で勝てようか！」と

なります。

どれだけ普段の職場での練習・修行が大事かを、「できる社員」は、無意識のうちでも自覚しているのです。

ですから、「できる社員」は、職場で何事においても真剣であり、全力でやります。その積み重ねこそが、頼れる力となるからです。

「自分なりに頑張りました」

これは、「できない社員」の口癖です。

この「自分なり」とは、とても都合のいい言葉です。頑張っていそうで、聞こえはいいのですが、落とし穴は、できる範囲でしかしないということです。

もっといいますと、背伸びや無理はしないということです。

よくよく考えてみてください。

「できない社員」が、「自分なりに頑張る」ということがどういうことかを。

それは、ダメなレベルでの頑張りです。つまり、一般の社員から考えれば、とてもレベルの低い頑張りであり、場合によっては、頑張りと評価できないほどの行動レベルなのです。

ある会社の社員が言いました。

「一つのことをするともう一つのことができなくなります。このままだと、両方とも成果が出ず共倒れになります。一つのことだけに集中してもいいでしょうか?」

と。

この話を聞いた時私は、この社員はとても甘えていると思いました。そして、その曲がった根性が変わらなければ、この社員は伸びないと直感したのです。

何度も言いますが、仕事とは待ったなしの戦いです。その戦いで、「一つのことで手一杯なので、他のことはやらなくてもいいですか?」という発想は、甘え以外の何者でもありません。もう敗因を作ったのも同然です。

戦いでは勝つため、また克服するためには、何でもチャレンジしなければならないのです。理屈ではありません。

まさに「不可能を可能に」していかなければならないのです。

まして、ここに登場してきた社員は営業担当ですから、職場を出て戦場に赴き、競合他社との壮絶な戦いに挑まなければなりません。

そんな時に、一つのことだけしかできないと言っている場合ではないのです。できることは何でもやり、ありとあらゆることをしてでも勝利しなければならないのです。逆に勝てるまで挑戦し続けなければならないともいえます。

職場を一歩出れば、もうそこは戦場です。一歩職場を出たら、すべての甘えを排し、とにかく弱き自分に挑戦し、自分の小さな殻を破るべきでしょう。いっしょに挑戦し続けましょう!

第2章　「できる社員」と言われる人の考え方・働き方

会社が自分に何をしてくれるかではない。

自分が今、会社に何ができるかだ。

受け身や保身では

何もできない。
だから何事も命懸けで
やり抜こう。

直太

浜口
直太

04 プロ意識を持つ

「できる社員」とは、プロ意識を持ったプロフェッショナル・スタッフをいう。プロとは、どんな時でも、最高の仕事をしようと努力する人

「『できる社員』とは一言でいうとどんな人なのでしょうか?」

ある時、顧問先の新入社員さんから突然聞かれました。

「プロ意識を持ったプロフェッショナル・スタッフのことをいいます」

私は考えもせずにとっさに答えました。

「プロフェッショナルとは、野球、サッカーに代表されるプロ・スポーツ選手や、医者、弁護士、税理士、公認会計士などのように独立した専門家のことをいうのではないのでしょうか?」

「一般にプロフェッショナルといえば、そうでしょう。ところが、今はひと昔前と違い、独立していない人、つまりプロフェッショナル・スタッフも含めて、プロ化しつつあるのです」

「なぜ今は違うのですか?」

「右肩上がりの高度経済成長期やバブル経済期では、サラリーマンのように雇われ

ていた人たちは、大した成果を出せなくても、勤め続ければ、時とともにある程度まで昇給・昇進できました。しかし、今はまったく違うのです。独立した専門家だけでなく、どんな職業の人でも、成果を出し続けられなければ左遷、降格、減給、または解雇されることでしょう。成果も出せない人にお金を払うだけの余裕は、もうどこの組織にもないのです。主に長年の不景気と国際的競争の激化からですが。

したがって、独立した専門家でなくても、どの職業でも仕事をする以上、成果主義であるプロ意識を持たなければならないのです。それは即《すなわ》ち、仕事におけるプロフェッショナル化ともいえるでしょう。その人たちは、プロフェッショナル・スタッフと呼ばれ、雇われてはいますが、プロとしての成果を逐次求められているのです」

「えー！　それではプロ意識のない人はどんな組織でもいらなくなるということですか？」

「その通りです。私の周りの顧問先企業でも、そのような大きな変化がどんどん起こっています」

「それでは、成果が出せるように、常日頃から力をつける努力をしなければなりませんね！」

「そうです。そんな時代の変化があって、今、日本でも、経営大学院（ビジネス・スクール）での経営管理学修士号（ＭＢＡ）や米国公認会計士（ＣＰＡ）などの国際的に通用する資格が静かなるブームになってきています。私が大学を出た四半世紀前には、考えられないことです。日本も激変している証拠です」

「私も『できる社員』になれるよう、これからプロ意識を持ったプロフェッショナル・スタッフを目指し、毎日勉強していきます」

このやりとりを読まれて、自分は会計・経理、総務・庶務、または秘書業務などの「事務職だから関係ない！」と思う人もいるでしょう。それは大間違いです。そんな人は、今世紀では、「ダメ社員」への道まっしぐらです。

これからは、たとえ会計・経理、総務・庶務、秘書業務などの事務職であったとしても、プロフェッショナル・スタッフとして、効率的・効果的に仕事ができなければ通用しません。

なぜなら、できなければ、組織にとっていらない存在になるため、取り替えられてしまうからです。

「大丈夫です。解雇されたら、また新しい会社・組織を探せばいいのです」なんて高をくっているととんでもないことになります。そんな人はどこも雇ってくれませんから。万が一、雇ってもらえたとしても、かなり低い賃金になるでしょう。

もし高い報酬を貰えたとしても、それは一時的なのです。すぐに雇用主とのミスマッチが明らかになり、せっかくの仕事も長続きしないのです。

要は、仕事を変えてもダメです。どんな仕事につこうとも、あなたが、プロ意識を持ったプロフェッショナル・スタッフとして自覚をし、そのように努力・言動しなければならないのです。

すでに紹介しましたが、だから、私はいつも言っているのです。

「仕事は戦い、職場は道場、職場を出ればそこは戦場」と。

プロとして戦いの連続なのです。

しかし、一度腹を決めて、それをやり抜くプロフェッショナル・スタッフになれれば、仕事の本当の意義や楽しさを実感できるようになるでしょう。

そうなれば、昇進・昇給は自然についてきます。

05 具体的な夢や目標を持ち「青年の心」で頑張る

「できる社員」は、能力があるからできるようになったのではない。具体的な夢や目標を持ち、青年のような心でバカになって頑張り続けたからこそ「できる社員」になれたのだ

「できる社員」は、具体的な夢や目標を持っています。具体的な夢や目標を持っていると、頑張りやすくなります。

具体的ですから、逆算すれば、今何をすべきかがわかるのです。

逆にたとえ夢や目標があっても、具体的でなければ、頑張りようがないのです。「いつか達成できればいいなあ……」という具合に、どちらかというと、願望で終わってしまうのです。

願望には、他力本願的発想がありますから、受身の姿勢になります。夢や目標は受身ではまず達成できません。努力して自分からどんどん積極的に挑戦していくのです。

そのためにも、夢や目標は具体的であればあるほどいいのです。

また、「できる社員」は、一度具体的な夢や目標を決めたら、誰が何と言おうと、バカになって徹底的に実行しようと努力し続けます。

当初は無理そう、不可能そうに見えた夢や目標も、やり続ければ徐々に可能性が高まっていって、ついには達成できてしまうものです。

つまり「やった者勝ち」なのです。

あなたの周りにいる「できる社員」を見てください。間違いなく、これを実践していますから。

米国の経営大学院（ビジネス・スクール）で教えていた頃、同じ講師で親友に、マイク・オスボーンというアメリカ人がいました。

彼は、苦労人で、貧しい家庭に生まれ育ったのですが、ものすごく努力して、大学やビジネス・スクールも全額奨学金を得て優秀な成績で卒業しました。

それで、三年ほどビジネス・スクールで講師をしていたのですが、突然辞め、起業したのでした。

その直後、応援の意味も兼ねて私は、彼のために会社設立の祝賀会を、友人を三十人位招いて開いたのです。

その際、マイクは、十年以内に売上一二〇〇億円、純利益一五〇億円以上の会社に育てるという夢（＝目標）を、我々に公言したのでした。

当時米国は不景気でしたので、特別な才能や経験もないマイクの言葉を誰も信じようとしませんでした。

「見果てぬ夢だなあ……」と、笑いながらバカにする人までいました。

ところが、彼の目は真剣そのものでした。

マイクのものすごい決意と闘志を目の当たりにした私は、その夢自体達成できるかどうかはわかりませんでしたが、「とことんやる気なんだなあ！ でも皆の前であれだけ大きなことを言い切れるなんて、彼も並々ならぬ決意をしたのだろう」と、身震いする思いでした。

結局、マイクはその夢を八年で叶えてしまいました。周りからすると、彼はいとも簡単に、その夢を達成したかのように映っていましたので、ある時、私は聞いてみたのです。

「君には経営者としての才能と運があったんだね。でも、すごいよね、とてつもない夢を簡単に実現しちゃったんだから」

すると、マイクは顔を真っ赤にして怒ったのです。

「お前なんかにオレの苦労がわかるか！ なんでオレが皆の前で叶いそうもない夢

を公言したか、お前にはわからないだろうな？」

「逃げ道をなくすため？」

「そうだ！　自分を追い込むためなんだよ！」

「でもあそこまで具体的に言う必要があったのかな？　人によっては、頭がおかしいと思ったんじゃない？　上場企業の社長じゃあるまいし……」

「大きすぎて叶わなそうな夢でも、具体的にしたら、逆算できて毎日やらなければならないことが明確になるんだよ。そして、後は青年のような純粋な心で自分を信じ、やり抜くだけだ。米国での成功者たちは、皆そうしてきたんだから」

マイクに厳しく指摘されて、私はハッとしたのでした。

そういえば、私の上司たちは、いつも具体的な夢や目標を持っていました。そして、本当に青年のような心で、その夢や目標達成のために努力し続けていたのです。

だから、彼らはスピード出世し、若くして、十万人のプロフェッショナル・スタッフが働く会社で、リーダーとなっていったのです。

まさに「先人に学べ」です。

06 便利屋になれる

「できる社員」ほどプライドを捨て便利屋になれる。「できる」の究極の意味は、人間的に立派ということだから

本物の「できる社員」は皆謙虚です。人間的にも立派なのです。一人前の社員である前に、社会人としても優れています。

お世話になっている人や周りの人のことを絶えず考えて言動します。

会社や組織に少しでもよくなってもらいたいと本気で思っています。ですから、会社や組織に必要なことは何でもします。単純作業でも雑用でも何でも。

逆に「できない社員」「ダメ社員」ほど、変なプライドを持っていて、バカになって動くことができません。

「それは私の担当ではありません」

「そんなことは、新人にでもやらせておけばいいでしょう」

なんて言う人が職場にいたら、要注意です。「ダメ社員」の代表格ですから。

「雑用ほど仕事の本質が学べることはない！」

「雑用も会社にとっては大事な仕事だ。なぜなら、誰かが雑用をしなければ、仕事

は完結しないし、会社として成り立たなくなるからだ」

以前勤めていた会社のアメリカ人上司の口癖でした。

彼は、私が独立するために退職した後、アッと言う間にスピード出世したのです。

一流大学を出たわけでもないのに、十万人のプロフェッショナルがいる大手コンサルティング会社のナンバー2にまで駆け上がっていきました。その会社では異例中の異例です。

一言で彼を語ると「大人格者」になります。

いっしょに働いていた頃も、上司でありながら、平気でさっさと雑用をこなしていました。

恐縮した私は、いつも彼が雑用を始めないようにするので必死でした。彼より、先に見つけられるよう、絶えず問題意識を持って彼の周りに気配りをせざるをえなくなりました。

しかし、気配りは私よりも数段上の人ですので、職場にいるとすぐにやらなければならない雑用を見つけては、私が気づく前にやってしまうのです。

そうなってくると、もう戦いです。

お陰で雑用に対する気配りはかなりついたようです。

今では小さいながらも会社経営をしていますが、職場に行くと、自然に隅々まで目がいってしまいます。この上司の訓練のお陰なのです。

「『できる上司』である前に、『できる社員』であれ！『できる社員』である前に『節度ある一人前の社会人』たれ！」

私が将来独立するのを知っていた彼は、仕事でミスや失敗をする度に、この言葉で叱咤《しった》してくれました。

彼は若い頃上司たちから「ミスター便利屋」と呼ばれていたそうです。

彼のような人を部下に持ったら、上司はどれほど助かることか。また、職場にいたら、どれだけ周りの人に感謝されることでしょう。

彼のような存在は、とても心強いのです。

どんな仕事も大事であることを、身をもって証明してくれました。ですので、ある種のいい緊張感が絶えず職場にはありました。

日米アジアで出会った「できる社員」にはこのような共通点がありました。彼のような「できる社員」を目指したいものですね！

07 感謝の達人になる

感謝の人には、人がついてくる。それもファンという名の

「できる社員」は感謝の人です。お世話になった人、周りの人に絶えず感謝の意を表します。

自分が、無事仕事ができていること、また何とか問題なく生活できているのは、その方々のお陰であることをよく理解できているからなのです。

生き方が純粋で真面目です。

ある意味では単純バカで要領が悪いのかもしれません。でも、それでいいのです。

本物の「できる社員」とは、頭のいい人でもなければ、要領のいい人でもないからです。何事も全力で真剣にやる人なのです。周りに感動とやる気を与えられる人です。

米国で勤めていた際に、とにかく人によく感謝するアメリカ人部下がいました。

最初は皆に胡麻《ごま》をすっているのかもと思っていました。

しかし、地位や身分に関係なく誰にも、誠心誠意感謝するのです。

それを見て私は直感しました。

「彼はすごい！ どの道に進んでもきっと成功し大物になるに違いない」

その予想は的中しました。

彼は今、若くして世界的な企業の社長をしています。

彼がまだ私の部下だった時に、聞きました。

「なぜ君は、どんな人にもそう簡単に感謝できるの？ 私もそうしたいのだけどなかなかできることじゃないよね……」

「感謝は自然な結果なのです。本当に有り難く思いますから。私は、両親が小さい時に離婚したため、貧しい生活の中、母の手一つで妹と共に育てられました。その母も、私が小学校を卒業する前に、あまりの苦労がたたって亡くなってしまいました。本来なら、中学校も行けないはずでしたが、無事大学まで出させていただきました。周りの人々の助けがあったからなのです。ですから、人には一生頭が上がりません。自分一人では何もできなかったのを何度も体験してきましたから。また、どんな人でも、いつどこでお世話になるかもわかりませんし……」

私は唖然《あぜん》としました。こんな純粋なアメリカ人がいたのだ、と。それも、すごく苦労してきたのに、です。

普通だったら、両親が離婚し、貧しい生活を強いられてきたことへの恨み辛みがあってもいいはずです。

実際に私の知っている人の中には、彼と同じような環境で育ったため、世の中の幸せな人を見る度に腹立たしくなるという人もいるくらいです。

どんなバックグラウンドを持っていたとしても、「できる社員」は、とにかくどんな人にも、お世話になったらすぐに感謝できる「感謝の達人」なのです。それも、誠心誠意の振る舞いをします。

そんな人を周りの人はほうっておきません。ついつい応援したくなるのは、人の常ではないでしょうか。

08 企画書や提案書を常に考え出せる

会社や組織のことを本当に思っている人は、会社や組織をよくするための企画書や提案書を定期的に出す。それも自発的に

米国で大手国際会計・経営コンサルティング会社に就職した際、入社式で当時の最高経営責任者（ＣＥＯ）が言いました。

「今日から皆さんは、うちの会社の一員です。役職こそ違いますが、私も皆さんと同じ会社の一員なのです。私も三十年前に、皆さんと同じように入社式に出ていた一新入社員でした。三十年後位には、皆さんの中の誰かが私と同じ立場になっていることでしょう。誰かがトップをやらなければなりませんから。組織ですから、必要に応じてトップがいるわけですが、役職や立場には関係なく我々には共通の目的があります。それは、会社をよくすること、そしてそのために一致団結して努力し合うことです。そんなことから、私から皆さんに一つお願いがあります。今日から皆さんは、私同様、社長になったと思ってください。そして、会社のためにどんどん、いいと思われる企画や提案を皆さんの上司に出してください。私も、その一つひとつの企画や提案を吸い上げ真剣に検討します。本当に会社のためになると思っ

たら、他の役員の協力を得てどんどん採用していきます」

この話を聞いた時、私は感動しました。

十万人のプロフェッショナル・スタッフ（社員）がいる会社のトップが、新入社員に、ＣＥＯになったと思ってやってほしいと言うのです。すごい人だと思いました。

でも後で聞いたら、彼自身が新入社員時代からそうやって仕事をしてきたのだそうです。つまり、会社にいいと思われることは、どんどん上司に、企画や提案として出していったのでした。

その結果、その積極性とリーダーシップが評価され、本当にトップリーダーになったのです。

「できる社員」は会社のためになる企画書や提案書を自発的にどんどん出してきます。会社がよくなることに真剣だからです。会社のために自分が、何ができるか絶えず考えている証拠なのです。会社はそんな人を評価・感謝し、大切にします。

09 すきま時間・移動時間の使い方の達人に

「できる社員」かどうかは、すきま時間・移動時間の使い方を見ればわかる。「できる社員」は、一人でいる時間を勉強や情報収集に使う

私は「できる社員」かどうかを判断するのに、すきま時間・移動時間の使い方を見ます。なぜなら、「できる社員」は、すきま時間・移動時間を無駄にしないからです。

すきま時間・移動時間は、一人になれる貴重な時間です。その誰からも邪魔をされない大切な時間を有効に使えない人は、仕事などできるわけがないのです。

「小事が大事」ですね！

ですから、たとえば電車に乗っている人を見れば、誰が仕事ができるかはすぐにわかります。

ボーとしている人は間違いなくダメな人です。できる人は、一人になれる時間をとても大事にします。たとえ五分や十分などのちょっとした時間でも、です。

ぜひ、職場の周りの人を見てみてください。この「できる社員」かどうかの判断基準が、当たっていることがわかりますから。

「この人は、できる人だなあ」と思ったら、彼らのすきま時間・移動時間の使い方を見るなり、聞いてみてください。間違いなく、読書を含め勉強や情報収集など仕事力向上につながることにその時間を費やしています。

だから、そうしていない人と比べるとどんどん力をつけていっています。一日、二日では大して差はつきませんが、一年も経てば、とんでもない違いとなるでしょう。

そもそもすきま時間・移動時間を大事にするような人は、実際に職場に行くと、その気迫でもって一挙に仕事を片付けてしまうようなやる気満々の人なのです。

どこの職場でもたいてい得意げに、いかにも仕事ができそうなことを言う上司がいます。お酒が入ると特に、です。

確かに新人に比べ経験や知識がありますから、当初仕事はできます。でもすきま時間・移動時間に勉強や情報収集している新人にすぐに追いつかれ追い越されます。

ベテランでも、大切なすきま時間・移動時間を使って情報収集し学んでいないと、時代からどんどん遅れていき、正確な仕事ができなくなるからです。

現代のビジネス環境はものすごい勢いで変化しています。

したがって、昔の常識や経験はすでに古くて参考にならなくなっています。最新の状況・情報を入手し勉強し続けなければ、仕事でも通用しなくなるのです。

「ベテランでも今勉強しない人はダメ社員化していっています。なぜなら、あまりにも世の中が大きく変わってしまったため、今までの経験や知識がいくらあってももう通用しなくなったからです。今勉強すれば、将来の血肉となり力となっていきます」

これは、私が講演会で必ず話すことです。

仕事中に仕事するのは当たり前です。ですから、差がつくのは、ついつい無駄に過ごしてしまうすきま時間・移動時間の使い方なのです。「できる社員」は、すきま時間・移動時間の使い方の達人なのです。一瞬たりとも無駄にしません。

私もそのことに気づいてから、すきま時間・移動時間は、読書や情報収集、また執筆に当てています。朝の電車通勤時間二十五分には、新聞四紙に目を通し、少しでも時間が余れば、その後本や雑誌を読みます。移動時間は、必ず手帳やメモ帳を開いて一人ブレーンストーミングをしたり、執筆をしています。

このことを新人の頃に気づいていれば、もっと仕事ができるようになっていたことでしょう!

10 他人の長所泥棒

「できる社員」は皆、多くの人の長所から謙虚に学び徹底的に真似をする。だから、一生学び成長し続けられる

何事においても素人や新人ができるようになるには、できる人から謙虚に教えを請うて、その通りに徹底的に真似をすることです。

単純そうなことですが、これが意外と難しいのです。なぜかといいますと、多くの人から学ばなければいけないからです。

人間ですから、人には優れたところがあると同時に、欠点もあるのです。ですから、一人の人からすべてを学ぼうとすると、ガッカリすることになります。

なぜなら、優れたところを一生懸命学んでいる最中で、欠点を見つけてしまうと、それが非常に気になるからです。

終《しま》いにはその人自身を敬うことができなくなります。敬うことができなくなると、今度は、その人の優れたところまで、優れたように見えなくなるから不思議です。

したがって、一人の人のすべてを見るのではなく、長所だけ見て学び真似をすればいいのです。

そして、いろいろな人からそれぞれの長所だけ学び盗むのです。

本物の「できる社員」は皆、そのようにしてどんどん力をつけていきました。

私は、これを他人の「長所泥棒」と勝手に呼んでいます。いいとこ取りと言ってもいいでしょう。

泥棒というと聞こえは悪いのですが、優れたところを完全に盗むぐらいの覚悟で学ばなければ、身につかないでしょう。

昔ある大企業に三百人近くの新入社員が入ってきました。

その中で、若いのに人の長所を盗み真似することが非常に得意な人がいました。誰の目にも、その徹底ぶりは、新人とは思えないほど長《た》けたものがありました。

彼は、多くの周りの人、特に上司や先輩のいいところだけを短期間でどんどん盗み自分のものにしていったのです。

そのため、すごい勢いで力をつけ、成長していったのでした。

私は、会う度に大きく成長していく彼の姿を見て本当に驚かされました。

彼が新入社員として入ってきた時からもう二十年以上経ちます。結局彼は今、その会社で、多くの上司や先輩を飛び越えて、社長をしています。

前任者である社長も、社長交代式に臨む際、つくづく私に語ってくれたのです。「彼ぐらい多くの人のいいところを盗み真似する人に会ったことがありません。ですから、わが社に入社してから彼ぐらい成長した社員を見たことがありません。それは誰の目にも明らかでした。したがって、彼の社長就任には、誰一人反対しませんでした。つまり、皆が彼の実力に納得したのです。『次期社長は彼しかいない』という具合にです」

11 いつでもどこでも問題意識を

問題意識を持たない人は伸びない。真剣に生きていない証拠だから

「できる社員」は、間違いなく問題意識を持って生きています。問題意識を持って仕事をしたり過ごしたりすることが、自身を成長させることを知っているからです。

反対に、問題意識を持って生きていない人は、いくら知識を増やし経験を重ねても、人間として成長しませんので、いつまで経っても「ダメ社員」のままです。すでに紹介しましたが、「できる社員」とは、まず人間として立派であることなのです。

ですから、「できる社員」になりたかったら、努力して問題意識を持ち続け、何事も観察し考えることです。

それをやり続ける努力をすることで、意識せずに自然にできるようになります。ともすると毎日が同じことの繰り返しのように見えます。単に平凡な仕事や生活のように映ってしまうのです。

しかし、問題意識を持つと、毎日が違ってきます。どんなことからも何か問題はないかを考える、また何かを学ぼうとする意識が働きますので、まったく同じようなことや仕事をしていても違いが見えてくるのです。

たとえば、いつもするあいさつ一つでも、上司や周りの反応が悪かったら、「ん！　この反応なんだろう？　何かあったのかな？」と、即座に異常をキャッチします。そして、問題意識が働き、その違いを探ろうとします。その探りの結果、たとえば朝一番で大事なお客様からクレームの電話があり、至急全員で団結して問題の解決にあたらなければならないことを察知します。

そんな状況下で、ニコニコしてノンビリ言動していたら、上司や先輩の勘にさわり、怒りを招きます。評価も下がることでしょう。

「あいつは、こんな大変な時に、人の心が読めないダメなやつだ！」と。

会社にとって大変なことですから、同じようにピリピリして、テキパキと対応するべきなのです。その真剣な態度が、周りの人からの信頼感を生むのです。

そんな場合、問題意識を持った「できる社員」は、自発的に上司を手伝い始めるのです。

12 一流の聞き役を目指す

コミュニケーションの達人とは、聞き役に徹することのできる人をいう。それも、相手の心を開かせる誠心誠意で

話し合いの場で、話が上手いと言われる人がいます。

そんな人が周りにいたら、その人が話し合いをするのを、じっくり観察してみてください。

実はそんな人は、ほとんど話していないのです。むしろ、聞き役に徹しています。

それでは、なぜ、聞き役に徹するかわかりますか?

相手の話したいことを正確に把握しようとするからです。そうでないと、コミュニケーションのキャッチボールが成り立たなくなるからなのです。

たとえば、二人の人がコミュニケーションを図ろうとしているのに、お互い相手の言うことをよく聞かなかったら、どうなるでしょう?

当然コミュニケーションどころではなくなります。下手をしたら、喧嘩になる

か、相手に対して嫌な印象を持ち、二度と話したくなくなるのではないでしょうか。

本物の「できる社員」は、皆コミュニケーションの達人です。

コミュニケーションの達人は、まず相手の言うことを真剣にとことん聞きます。話す人がいくら言葉で一生懸命表現したとしても、その言っていることは、本心と違っていることが往々にしてあります。意図的な場合もありますが、無意識にそうなっていることがほとんどです。

なぜ無意識に本心でないことを言うのでしょう？

話している本人は、本心を表現しているつもりなのですが、時と場合と話し方などで伝わり方がまったく違ってくるからなのです。

それだけコミュニケーションをとるということは、難しいのです。

私の友人で心理学者をしているアメリカ人は、「話し手の話す内容が、どれくらい正確に聞き手に伝わるか」を知るために、五百人を対象に実験したことがあります。

その実験によると、同じ人が同じことを話しても、時、場所、話し合いの参加人数、話し手の心理状況・声の大きさ・調子・体の動かし方、聞き手の心理状況などで、聞き手の受け取り方が、八割も違ってくるとのことでした。

また、聞き手が話をじっくり聞いていないと、話の内容の七割も理解されていないことが判明したとのことです。

さらに、聞き手が真剣に聞いていないと、話し手の九割が本心を語らなくなることもわかったそうです。

その調査が正しいかどうかは、専門外ですので判断しかねますが、しかし、体験的にはかなりうなずけます。コミュニケーションの現場で同じようなことを何度も経験しているからです。

ポイントは、相手の本心を聞き出したうえ、正確に理解するのは、とても難しく大変だということです。

まず、誠心誠意の言動を通して話し相手との信頼関係をいち早く構築すること。それで相手の心を開きます。そのうえ、全力で一言一句聞くのです。そして、言葉のみならず、相手の顔の表情、目や体の動きなどのボディーランゲージにも注意を払うのです。

コミュニケーションの達人とは、まず聞くことで相手の本心を理解し、その相手が心から安心・納得できるように、対話できる人なのです。「できる社員」と評価を受けている人は、それができています。

上司を含めて職場でとにかく一方的によくしゃべる人がいます。その種の人は、話し合いをリードし、話の流れをコントロールすることから、コミュニケーションが上手に映ります。

しかし、勘違いをしてはいけません。相手の本心を理解するため、とにかく聞き役にまわるというコミュニケーションで最も大事なことを無視していますから、実は「ダメ社員」なのです。上司であれば「ダメ上司」と部下からレッテルを貼られるでしょう。

そんな人の話は、真剣に聞く価値はありません。ただ、喧嘩をする必要もないですから、適当に相槌を打って聞き流せばいいのです。自己満足でダラダラしゃべっているだけですから。聞く人が聞けば、わがままで内容のないことを言っているのはすぐにわかります。

「できる社員」になるためには、よくしゃべるそんな人の話を真剣に聞き続けるより、一人でも多くの人の本心を聞き出す努力をしたほうが価値が高いのです。

13 「ダメ上司」であればあるほど肥やしにして育つ

「できる社員」と「ダメ社員」との大きな違いは、「ダメ上司」を持った時をどうとらえるかだ。「できる社員」は、嘆くことなく成長するチャンスととらえ、どんな「ダメ上司」からもどんどん学んで勝手に育つ

「できる社員」とは、すごいものです。

自分がついた直属の上司がダメでも、反面教師にしていいところだけ見て学び、ますます伸びていきます。

要するに他人や環境のせいにしません。すべての責任は自分にあり、どんな状況・環境においても、いっしょに働く人が誰であれ、現実をありのまま受け入れます。それも感謝の気持ちで、です。

一つひとつの状況・問題において、どうしたら克服でき成長していけるかを絶えず考え、その度にできることはどんどん実行していくのです。

一方「できない社員」は、「ダメ上司」の下になったら、その不運を嘆き、希望とやる気を失います。

自分だけで終わればまだいいのですが、挙句の果てに上司評論・非難・中傷をし始めるのです。そうすることで、不運になった自分を正当化したり癒しているのかもしれません。

しかし、はたから見れば、これほどみっともないこともそうはありません。直属の上司を批判すればするほど、結果的には自分がいかに「ダメ社員」であり「ダメ部下」かを対外的に知らしめているようなものなのです。

上司批判している暇があれば、自分の成長のために時間を使いたいものです。わざわざ「ダメ上司」を自らの比較対象にせず、他の部署の「できる上司」や「できる先輩」に目を向ければいいのです。

また、比較すべきなのは、過去の自分、今の自分、明日以降の自分なのです。つまり、競争相手は弱き自分であることを忘れてはいけません。

他人と比較して一喜一憂して振り回されていることは、愚かなことであるのに気づきましょう！

私のアメリカ人の友人、Aさんは米国大手企業で社長をしています。

彼が入社した頃は、会社は上場前で、まだ規模も小さく人材も少なかったそうです。ですから、上司もダメな人ばっかりだったのです。できるのは、社長と数人の役員だけだったとのこと。

しかし、Aさんは、「ダメな上司」の欠点には、目もくれませんでした。彼らの長所だけを徹底的に学び、盗んでいったのでした。それも直属の上司を含め、同じ部署や隣の部署の多くの上司からです。

結果的には、Aさんは人間として社員として急成長しました。

その会社が大手企業と合併することになった時、「ダメな上司」はほぼ全員辞めさせられました。そして、実力派のAさんが、新合併会社の副社長に大抜擢されたのです。

ところが、合併相手先企業から推薦されて就任した社長は長続きせず、合併半年後に株主からのプレッシャーに耐えられず辞めてしまったのでした。

ついに、大株主からのリクエストで、先輩副社長三人を押しのけて、Aさんが一挙に社長に就任しました。

結局、Aさんが社長になってからは、次々と革新的な新経営システムを導入したため、業績もどんどんよくなっていきました。

先日久しぶりに会った際、彼にどうやって業績を急回復させたのかを聞いてみました。

その返答が意外だったのです。

「私は、新人の時から直属の上司がダメな人ばかりでしたので、誰を当てにすることもなく、さまざまな上司のいいところだけ見て盗んでやってきました。そのように、いつも自分で考え実践しなければならない環境におかれてきたことが、早くからリーダーとしての必要な能力を身につけるのに役立ったのだと痛感します。ですから、今では『ダメ上司』たちに心から感謝しています。若い頃から経営に必要なことを自ら学ぶ癖をつけてこれたのは、お世辞抜きに本当に彼らのお陰なのです」

と。

14 とにかく上司に付ききる

上司に付ききった者だけが、上司になった時、部下が付いてくる。部下として苦労した経験が信用を生むからだ

部下として上司に付ききった人は、人から信用されます。特に上司のいいところだけ見て、付ききるのです。

上司に付ききれるということは、部下として素直に謙虚に下積みの仕事で耐え抜いた証になります。

また、部下の気持ちがわかるということでもあります。それはそうです。上司に徹底的に付ききったのですから。

私のメンター、A氏は、医者から三十歳まで生きられないだろうと言われていました。結核になったからです。

医学の進歩により、今は治りやすいのですが、当時としては不治の病だったそうです。

そんな中、彼は生涯のメンター、B氏に十九歳の時に出会いました。

会った瞬間、あまりの人間的な魅力とスケールの大きさに圧倒され、B氏を人生の師にすることを決められたそうです。

出会った当時、B氏は、出版社を経営していました。少しでも師の下で学びたいとの思いから、その会社に部下としてお世話になることにしたのです。

ところが、その会社はA氏が入社してすぐに倒産してしまいました。

体は弱かったのですが、A氏の読書欲と向学心は並々ならぬものがありました。「学ばざるは卑し」との思いがあったのでしょう。

どこまでも上司B氏に付ききりました。B氏の会社から一人去り二人去っていく中、命懸けでお守りするため、通い始めていた大学も諦《あきら》め、中退したのでした。

しかし、そのお陰で、大好きで尊敬するB氏からマンツーマンで、政治・経済・教養・教育・歴史・地理・哲学・文学などありとあらゆる領域に渡って、直接教えてもらうことができたのです。

約十年間、毎朝のように、また休日や夜遅くにはB氏のお宅で講義していただいたそうです。厳しかったけれども、すごく嬉しいことでした。

A氏は、B氏ぐらい偉大な人に会ったことがないと言います。

世のため人のために、命を懸けて言動していたB氏を見習い、自分の人生すべてを懸け、また命も懸けてもいいと思ったのでした。

B氏からの薫陶もあって、A氏も人間的に脅威的成長を遂げました。世界的なリーダー、教育者、哲学者、作家、写真家、詩人……。多面の顔を持たれています。一人の人間ができるとは考えられないほどのあまりにも偉大すぎる、すごすぎる業績です。

A氏とB氏にはさまざまな共通点があります。

その顕著なものが、上司に徹底的に教えを受け、真似したことです。

そして、どんな仕事も全力を尽くしてきたことです。不可能そうなことでも、「自分がやらずして誰がやる」との思いで、上司のために躊躇せずに挑戦し続けたのです。

そして数々の奇跡を起こしたのでした。

それを見て痛感します。上司を尊敬し、少しでも上司に近づこうとして毎日弱き自分に挑戦していったとき、「できる社員」として急速に力がついていくものだと。

15 育てられなくても自ら成長する

「できる社員」は育てられるものではない。自ら育つものだ

中小企業の経営者がよく「あーあー、うちの会社は何で人材が育たないのだろう」と嘆いています。

しかし、それは大間違いなのです。なぜなら、人材は育てるものではなく、育つものだからです。大事なことは育つ環境作りをすることです。

私の知る限りにおいて、「できる社員」となった人で誰かに育てられた人は、一人もいません。皆自分で成長していったのです。

では、そのように自ら育つ人材を得るためにはどうしたらいいのでしょう？

それは、「経営の神様」と呼ばれた松下幸之助氏が言われたように、素直な人を採用すればいいのです。

素直な人は、言われた通り一生懸命正確にやろうとしますので、どんどん伸びていきます。

一方、素直でない人は、いいことでもすぐに受け入れません。実践しないので、伸びないし、成果も出ません。

ですから、中小企業の社長は、どんなにやる気がありそうでも、どんなに過去頑張っていたとしても、最終的には素直な人だけ採用すべきです。素直でない人は絶対に雇ってはいけません。

当初即戦力になったとしても、伸び悩むのは時間の問題で、戦力外として落ちこぼれていきます。困るのは、素直でないために本人は反省もしなければ、乗り越えていこうともしません。

また、素直でないですから、成果が出ないのを人のせいにしてしまいます。したがって、人間としても社員としても成長しません。周りから嫌われるだけで、すぐに会社にとっていらない存在となっていきます。

どんな人間でも、素直に生き抜いていった時、どんどん成長していくものです。人間として、最も美しく輝いていけます。

ちょうど、幕末の志士たち、たとえば、吉田松陰、久坂玄瑞《くさかげんずい》、坂本竜馬、中岡慎太郎、高杉晋作、近藤勇《いさみ》、土方《ひじかた》歳三が、素直かつ誠実に生き抜いていったようにです。

その素直な心は多くの支援者を作りました。

海外でも、マハトマ・ガンジー、ネルソン・マンデラ、マーチン・ルーサ・キング、テッド・ターナー、ウォーレン・バフェット等々。素直に生き抜いた人は、自ら成長するだけでなく、多くの人々に感動と勇気を与えています。

ですので、周りに多くのファンができ、彼らがどんどん応援してくれたため、さらに数々の成果を出していったのでした。

ジョン・F・ケネディの有名な大統領就任演説にあります。

「祖国があなたに何をしてくれるかを期待するのではなく、あなたが祖国のために何をできるか考えてください！」

社員を含めできる人は、皆世のため人のためという発想があります。素直さから出てきた、誠実な願いでもあるのです。

16 社内外人脈作りのプロ

一人の人間ができることは限られている。しかし、皆の力を借りてやればできることは無限になる

今まで仕事をしてきて自分の無力さを嫌というほど思い知らされてきました。

しかし、そんな中、信じられないような大型プロジェクトを何度もこなすことができたのも事実です。

力のない私が、なぜ大きな仕事ができたのかわかりますか？

それはひとえに、周りの方々からのご尽力のたまものなのです。どれもこれも、私一人でやっていたら一〇〇％できなかったことばかりです。

自分のバカさ加減、無力さを学生時代から痛感していました。ですから、早くから自分より能力のある人から力を借りることの必要性を感じてきました。

そんなことから、自然にどんどん人脈を増やしていったのです。

社会人になってからは、人脈があるかないかが「できる社員」になれるかどうかを決めることがよくわかりました。

強力な人脈ができれば、多くの人から応援してもらえ、ほとんど何でもできるのです。

ですから、どんどん人脈作りに励むべきです。人脈作りに努力した人と、そうでない人の違いは、すぐにはわからないかもしれません。

しかし、五年十年経てば、大変な差がつくのを覚悟してください。私もそうですが、中には、電話一本で何でもすぐに助けてくれる人まで出てくることでしょう。

皆さんの周りにも、「この人はできるなあ！」と思える人がいたら、その人の人脈を調べてみてください。

すごいと思いますよ！

それも社内のみならず、社外の人脈が豊富であるはずです。

社内の人脈は、仕事を通じて作りやすいのですが、社外の人脈は、あまり知り合うチャンスがありませんのでなかなかできません。勉強会、セミナー、講演会、異業種交流会などの社外でのイベントに積極的に参加して、個人的に作っていくしかありません。

「できる社員」は、なぜそんなすごい人脈ができるのでしょう?

世のため人のために働くことで、人間的にどんどん成長していっているからなのです。そういう人は魅力がありますので、親しくなりたいということで向こうから寄ってきます。

人脈というものは、人を利用する目的では、広がっていきません。すぐに相手がその意を汲み取ってしまうからです。

私にも、さまざまな人が近づいてきますが、「何かに利用できないかなあ」という下心のある人はすぐに察知できてしまいます。人間は正直なもので、隠そうとしても、言動を通して本心というものは段々出てきて、わかってしまうものです。

本物の人脈を作りたければ、とにかく世のため人のために生きようと決め、そのように仕事をするのです。

そうすれば、その真剣で誠実な生き様、仕事ぶりが感動を呼び、応援団となる人の輪があなたの周りに広がるでしょう。

17 個人のプライドを捨て、仕事へのプライドを

仕事へのプライドはプラスだが、個人のプライドは大きなマイナスとなる。成功した人は皆、仕事へのプライドを持ち続けた人

個人のプライドを持ち過ぎた人くらい嫌な人はいません。自分が一番であることを常に意識しています。

いつも他人と比較して言動しているのです。ですから、他人との競争で一喜一憂するのです。

自分よりできる人と比べては落ち込み、逆に自分よりできない人と比較しては、優越感に浸るのです。

こんなことが正しい生き方・仕事の仕方なのでしょうか？

私はそうは思いません。

そんなことで振り回されている人間は、はたから見て、とても滑稽ではないでしょうか。

偉そうなことを言っている私も、能力があったわけでもないのに、個人のプライドはとてつもなく高かったのです。実力もないのに、プライドだけが高いのですか

ら、周りの人からすると、かなり扱いにくく嫌なやつだったことでしょう！

それを、たまたま近所に住んでいたことから、家族ぐるみで親しくさせていただいていたドイツ系アメリカ人の奥さんに厳しく言われ、大反省したものです。

それから、彼女が指摘する通り、個人のプライドを捨て、そのエネルギーをいい仕事をすることへのプライドに変えていったのです。

そのお陰で、いい仕事をすることに徹底的にこだわることができたことから、成果がどんどん出たのでした。

「できる社員」は、例外なく個人のプライドを捨て、仕事へのプライドを大事にしています。

真剣に仕事で成果を出そうとしたら、周りの人からの協力や助けは欠かせません。一人でできることは本当に限られていますから。

周りからの協力や助けを得るためには、個人のプライドは捨てなければなりません。そうでなければ、誰も協力したり、助けてくれたりしないでしょう。

18 出世や報酬にこだわらず、仕事のプロセスと成果にこだわる

出世や報酬にこだわる人は、本物の「できる社員」にはなれない。仕事のプロセスと成果にこだわれば、出世や報酬は後からついてくる

米国にいた時に、出世や報酬にこだわっていた人が、私の周りに多くいました。実はそんな人に限って、仕事はできませんでした。

仕事のできた人たちは、実は出世や報酬にこだわっていませんでした。なぜなら、仕事に自信がありますから、こだわらなくてもいいのです。成果を出せますから、出世や報酬は後からついてくるのです。

いつの世も、会社や組織は、実力者、つまりできる人を求めています。そんな人はどこに行っても通用します。また、いろいろなところから引っ張りだこです。

あなたが「できる社員」になりたければ、まず出世や報酬のことは、考えるべきではありません。そんなことを考える余裕や時間があれば、どうしたらもっといい仕事ができるかを考え実現することに、全力を尽くしてみてください。必ずいい成果が出て、評価も上がりますから。

出世や報酬にこだわる人は、一般に会社や組織を転々とします。転々としますから、どこの職場でも中途半端に終わっています。

そんな人は、最後には移る先をなくすでしょう！　なぜなら、仕事で最も大事な人間としての「信用」を失うからです。

独立する前に勤めていた会社の元上司がいつも言っていました。

「社員である前に、一人前の社会人たれ！」と。

独立して社長業を始めた時、本当にそう思いました。あまりにも、社会人として失格な人が世の中には多いからです。会社では仕事は教えられても、社会人としての常識までこと細かく教えている余裕は、上司にも先輩にもありません。

仕事で一番こだわるべきことは、そのプロセスであり、成果です。プロセスと成果の面で、周りの方々から高い評価を得て、初めてプロとして仕事ができたといえるのです。

19 理屈ではなく情に訴える

ビジネスとは奇跡を起こし続けること。奇跡は理屈ではなく、情に訴えたときにのみ起こる

ビジネスがいつも計画通りに上手くいくことはまずありません。さまざまな要因に影響を受けるため、予想外のことも頻繁に起こるからです。

まさにビジネスも山あり谷ありです。

そんなことから、ビジネスをやるということは、リスクを負い続けるということです。苦難の連続となることは覚悟すべきでしょう。

一九〇〇年にニューヨーク証券取引所で上場されていた会社で、現在まで社名とともにそのまま残っている会社は、一社だけなのだそうです。海外でも、それだけビジネスを続けることは、難しいのです。

日米アジアでさまざまな企業へのコンサルティングをやらせていただいて思います。

ビジネスを続けるということは、奇跡を起こし続けなければならないこと。そし

て、奇跡を起こすためには、理屈を説くのではなく、人々の情に訴えることです。

あの「経営の神様」との異名を持つ松下幸之助氏も、情に訴える達人だったそうです。

自ら創業した松下電器産業が倒産の危機に面したときも、最後は理屈ではなく、社員や取引先の情に訴え、乗り切ったのです。

松下氏の感動的な話を聞いた取引先の人々や社員たちは、涙ながらに業績回復への協力を決意したのです。その団結のもと、全員が必死に頑張り、奇跡のカムバックを果たしたのです。

ビジネスといえども忘れてはいけないと思います。所詮我々は感情を持った人間で構成されている社会に生きており、その人間のニーズに応えるために、ビジネスがあることを。

人間はたとえ正しくとも、理屈だけでは動きません。情で納得できなければならないのです。

ですから、人を動かしたかったら、理屈はもちろんのこと、情に訴えるのです。

「できる社員」は、情に訴えることの達人です。多少理屈に合わなくとも、強く強く情に訴え続けるのです。

「彼が頭を下げて、あれだけ誠心誠意訴えてきたのだから、一肌脱ぐか……」という具合に、どんどん周りの人からの協力や助けを得ていくのです。

やはり、最後は理屈ではなく、情を動かす誠心誠意の行動ではないでしょうか！

20 「超」勉強家に

「できる社員」になりたかったら、まず「超」勉強家になること。過去の経験や知識が役に立たないくらい激変している現代、これから猛勉強できない人は、必ず「負け組」となる

「どうしたら、『できる社員』になれますか？」

最近よく受ける質問です。聞くととても深刻そうなのです。将来への不安からでしょうか。

ただ、私はいつも同じように答えています。

「まず『超』勉強家になることです。今瞬時を惜しんで勉強していますか？」

すると、たいがい次のような返事が戻ってきます。

「何の勉強ですか？」とか「え、瞬時？　もう学校を卒業したのに、まだ勉強するのですか？」とかです。

こんな反応を見て、私は愕然《がくぜん》として言葉を失います。

学校では理論や基礎だけを習います。それだけでは、何の役にも立ちません。理屈ばかりこねるただの頭でっかちになるだけです。社会、特に会社ではそんな人は敬遠されます。

社会に出たら応用ができないと通用しません。ですから、応用ができるようになるための勉強をしなければならないのです。

その習得プログラムは、学校と違って誰も教えてくれないのです。今度は自分で考え作っていかなければなりません。試行錯誤しながら。

四半世紀に渡って、日米アジアでビジネスをしてきて思います。結局「できる社員」と「できない社員」の決定的な違いは、勉強しているかどうかだと。それも「超」勉強家になれるかどうかです。

私は、「超」勉強家なのに「できない社員」である人に、今まで一人たりとも会ったことはありません。聞いたこともありません。

「超」勉強家であり続ければ、絶対に「できる社員」になれます。最初は「できない社員」だった人でも、すぐにできるようになります。

なぜなら、勉強も仕事も同じだからです。

もっと言えば、人生そのものが勉強するためにあり、仕事はその勉強の現場なのです。ですから、勉強しない人は、人生でも仕事でも負け犬となっていくことでしょう！

「仕事は戦い！」

私の元上司が頻繁に言っていた言葉で、今は私が毎日連発しています。仕事の本質をついていると思うからです。

戦いである仕事ですから、勝たなければなりません。勝つためには徹底的に勉強しなければならないのです。競争相手も毎日大変な勉強をしているのですから、当たり前のことですよね。

ここでいう勉強とは、学校でいうところの勉強ではありません。仕事を含めて、人生でどうしたら自分の知識・知恵が増えていくのか、またどうしたら、自分が人間として立派になり成功できるのかの勉強なのです。

そんな勉強をしている人は、仕事人としても、人間としてもどんどん成長していっています。自然に「できる社員」になっているのです。

21 悪いことはすぐに報告する

「できる社員」ほど、さらなる悪化を防ぐため、悪いことを関係者に迅速に報告する

悪いことをすぐに報告できるようになれば、あなたは社員としてとても信頼されるようになるでしょう。特に上司はいつも悪いことが起こらなかったどうか心配し確認し続けています。もし、悪いことが起きれば、上司の責任になりますし、責任者としてすぐに手を打たなければならないからです。

実際には、部下は上手くいったことの報告はすぐに得意満面にしてきますが、悪いことはなかなか迅速に報告してくれないものです。

「なんでだ！　そうなる前に手を打つようにいっただろう！　私の指示を無視していたのか！」

こんな風に追求されることがわかっていたら、恐くてなかなか正直に自分のほうからすぐには報告できないものです。

しかし、そこで報告できるかどうかが、あなたに対する上司の評価の分かれ目な

のです。そこをいい加減にしたり、誤魔化したらその分、あなたの評価は下がります。

ここで考え方として知っておいてもらいたいことがあります。

ビジネスや仕事では、いいことも悪いこともあります。したがって、悪いことが起こるのもビジネスであり、仕事なのです。つまり、いいことも悪いこともあるから、ビジネスであり、仕事なのです。いいことはすぐに報告しなくても大丈夫なのです。報告が遅れたからといって、問題が起こることはまずないからです。

でも、悪いことはすぐに報告しなければ、さらに悪化する可能性があります。報告が遅れれば経済的なダメージを含め惨事になることもあります。ですから、悪いことの報告は、早ければ早いほど上司や会社は助かり、価値があるのです。

悪いことが起きたとき、あなたの迅速な報告がどれほど有り難いか理解できますか。上司は、そんなあなたの誠実で勇気ある言動を高く評価するのです。「できる社員」との評価を得るためには、当然できなければならないことなのです。

第3章　「できる社員」になる「心がけ」

仕事に人生をかける
思いがなければ
本物の仕事などできない。
本物の仕事をすれば

周りに夢と感動を与える。
世のため人のために仕事ができることが
どれほど幸せなことか。

直太

浜口直太

22 今「できない社員」であればビッグ・チャンス

最初から「できる社員」なんていない。「できない社員」で い続ける人との違いは、できないことの悔しさ、もどかしさをバネに、伸びるビッグ・チャンスとしてできないことに挑戦していったかどうかだ

「できる社員」になるためには、逆転の発想が必要です。つまり、もし今できないことがたくさんあれば、それで嘆いたり落ち込んだりせず、それを大きく伸びるチャンスと受け止め、一つひとつに挑戦していくのです。

要するにすべて前向きにとらえていくことでもあります。

それもそのはずです。成果を出していくためには、まず、今の自分をそのまま受け入れなければ、何も始まりません。現実から逃げず直視することです。

そのうえで目の前にあること一つひとつをこなしていくのです。

今はできないことが数多くあるかもしれませんが、あまりあれこれ考えずに、とにかく一つひとつ克服していくのです。まさに「ローマは一日にして成らず」で、コツコツ一つひとつをものにしていくことが、着実に前に進む「できる社員」への

王道となります。

私もそうでしたが、まず「できない社員」であることに感謝しましょう！できないことにどんどん挑戦していくことによって、人間的にも、また社員としても、大きく成長できます。

最初は大変だと思いますが、周りの人があなたのその真剣な努力を高く評価し、いろいろ教え応援してくれるでしょう。

私の友人のCさんが経営する中堅企業では、内部管理体制や経理システムを充実させるために、ある時大手企業のベテラン経理部長をヘッドハントしてきました。ところが、その経理部長は、前の会社の素晴らしい経理システムと比較しては文句や非難ばかり言い、突然辞めてしまいました。

あまりに急なことだったので、困ったCさんは悩みました。苦肉の策で、社内で経理担当者候補を緊急に募集したところ、社内で「できない社員」としてレッテルを貼られていたDさんが手を挙げてきたのです。

Dさんは懇願してきました。

「今まで具体的な目標もなかったので、あまり頑張れなかったことから、成果は出せませんでした。しかし、経理の仕事は、大好きでやりがいを感じますので、全力で頑張ります。ぜひ、チャンスをください！」

Cさんはそのやる気を評価し、「ダメ社員」だったDさんを経理担当にすることにしました。大きな賭けです。

喜んだDさんは、基本的な経理の知識がなかったことから、自腹で経理学校に通い続け、どんどん実務能力を高めていきました。

半年後には、Dさんは経理担当者としてほとんど支障なく仕事ができるようになったのです。

人間がやる気になった時、すごい力を発揮します。「火事場のバカ力」なのかもしれません。

要はできないことをチャンスとしてとらえ、全力で頑張れるかどうかです。

23 「ダメ社員」ほど大きく育つ

「ダメ社員」だからこそ本格的に頑張り始めたら、「すごい社員」になれる

「できる社員」のほとんどは、元々「ダメ社員」だったのをご存知ですか？

私の知る限りでは、最初から「できる社員」だった人は一人もいません。それもそのはず、最初は新人ですから、皆、右も左もわからないのです。

であるなら、なぜ差がついてしまうのでしょう？

一言で言うと、「できる社員」になることへの執念だと思います。将来の夢や目標を達成するためには、まず周りから認められる「できる社員」にならなければ話になりません。

ですから、今おかれた環境で目の前のことで結果を出していこうとするのです。

「ダメな社員」ほど頑張り始めたときの底力はすごいものがあります。

なぜでしょう？

それは、まさに破れかぶれで必死に仕事に取り組むからです。時には殺気を感じ

させられることもあります。

昔私の会社のアメリカ人社員にも、そんな「すごい社員」、E君がいました。

ある日いきなり手紙が届いたのです。手紙の主は、卒業を間近に控えた大学四年生のE君からでした。ぜひうちの会社で働きたいとのことだったので、早速面接をしました。

会って五分も経たないうちに痛感しました。

〈こりゃダメだ。思い込みは激しいし、社会人として常識がなさ過ぎる〉と。

父親は会社を経営している、俗にいう「ボンボン」です。

丁重にお断りしようとしたら、いきなり土下座です。日本に留学（遊学？）していたこともあったため、土下座の効果を知っていたのでしょうか。

「ぜひ、貴社で働かせてください！　トイレ掃除でも何でもしますから」

「ちょっと、土下座は止めてください！　困りますから。そのやる気は有り難いのですが、うちは経営コンサルティング会社なので、根性だけではダメです。失礼ですが、社会人としての常識豊かな人しか採用しないようにしています」

「社長の期待に必ずお応えできるよう、これから勉強します」

「申し訳ないですが、これから教えなければいけない人を、給料を払ってまで雇えません」

「社長が使えると思えるまで、交通費も給料も一切いりません。一年でも二年でも。なんとか雑用係として置いて貰えませんでしょうか？　お願いします！」

「え！　一年も二年も？　その間の生活費はどうするの？」

「空いている時間に他でアルバイトでも何でもしますので、何とか手伝わせてください！」

それでまた、土下座を始めるのです。困った私は、一時しのぎもあって、苦し紛れに言いました。

「じゃあ、言われたように交通費も報酬も一切出せませんが、もしそれでよければ、とりあえず、一日だけインターンとして来てください。ただし、続けて来てもらうかどうかは、その後決めます」

「ありがとうございます！　続けて置いていただけるよう頑張ります！」

こんな妙な会話でE君との付き合いはスタートしたのでした。

初日のインターンが終わった時、仕事は案の定できはしませんでしたが、E君があまりにも一生懸命やるので、「雑用担当インターン」であればいいかと思い、しばらく来てもらうことにしました。

確かにE君は当初気が利かないし、非常識極まりない言動が目立ちました。基本的には、仕事センスと頭が悪過ぎるのです。でも、なんだか昔の自分を見ているようで、とても親近感を覚えました。おそらく、今まで採用してきた人の中で、間違いなく「ダメ社員」度はナンバー1です。

しかし、そのE君が、メキメキと力をつけ、正社員となり、遂には最年少でマネージャーになったのでした。

その後、彼の父親が病気で倒れたため、後を取るため弊社を辞めて田舎に戻りました。今は父親が起こした会社の社長をしています。

驚いたことに、E君が社長になってから、潰《つぶ》れかかっていた会社は回復し急成長し始めたのです。今では規模も業績も四倍以上で、弊社よりも大きくなったのです。

まさに「できない社員」であった人が、保身をなくし体当たりで仕事をしていったとき、「すごい社員」になることを実感する出来事でした。

24 仕事がすぐにできる環境づくりを

「できない社員」は、できないことを環境のせいにし批判するが、「できる社員」は、自ら仕事がしやすい環境づくりのために絶えず努力している

「できる社員」と「できない社員」の決定的な違いは、職場を含めた仕事の環境づくりです。

「できる社員」は、絶えず意識して、仕事が速く正確にできる環境づくりに努力しています。そのために、いつもいい方法がないか、模索・研究・テストしています。

仕事ができるようになりたいことへの真剣な願いと行動の現れです。大事なことは、「すぐにできる環境」を早急につくることです。それを阻止していることがあれば、明確化し、率先して排除していきましょう！

「できない社員」は、できないことをただ嘆き、環境のせいにするだけで、具体的には何も手を打とうとしません。

一方、「できる社員」は、とにかく、ミスや失敗を覚悟で、どんどんいろいろな

ことを試します。試す中でできる環境づくりを整えていくのです。

また、仕事ができる環境づくりのためには、たくさん本を読み、講演会やセミナーなどにも積極的に参加して、さまざまなノウハウ、技術、またシステムをどんどん勉強・研究しなければなりません。

その中から自分に合ったものを盗み採用するのです。そして、それらを参考に自分独自の仕事術、つまり「できる方法」を確立すればいいのです。

そうやって、勉強し知恵を絞って自分独自の方法をいち早く確立することが、「できる社員」への近道になるのです。

25 速く歩かなければ「できる社員」にはなれない

仕事に真剣で速い人は、歩くのも速い。時間を無駄にしないことで、仕事への意気込みがそこには出ているからだ

日米アジアで四半世紀以上ビジネスをしてきて痛感します。仕事を速くかつ多くこなす人は、間違いなく歩くのも速いと。

「そんなバカな！」と思う人は、ぜひ仕事を速く多くこなす人をよくよく観察してみてください。例外なく、歩くのが速いですから。それも、歩いている姿から、気合すら感じることでしょう。

ここで、問題にしているのは、単に仕事を速くやる人のことではありません。速いだけの人もいますが、その人は、ただ単に要領がいいだけなのです。

本物の「できる社員」というのは、スピードにおいても量においても、また一つの仕事に費やす時間においても、人より勝っています。

要するに、速く仕事ができて余った時間を無駄にせず、もっと多くの仕事をこなそうとする人のことをいいます。

速く仕事が終わったため余る時間を無駄にする人は、「できる社員」とは見られ

ません。成果においては人並みですから。

ちょっと手際よく仕事しただけで、さも大仕事を速く終わらせたかのように大げさに言う人が、どこの職場にもいます。特に年配の人に多いようです。

新人は何もわかりませんから、そのように要領よく仕事をすることが美徳のように思わされるかもしれませんが、とんでもないことです。

仕事はコツコツとやる地道な作業です。そんな先輩・年配者がやるように口先だけでやるものではありません。仕事を割り振ることなどに慣れて要領を覚えたら、誰でもできることなのです。

ポイントは、自分で悩み考え、葛藤しながら動き、どんどんスピーディーに処理していくことです。

口先だけで要領よく仕事をしている人の歩き方を観察してみてください。例外なく遅いですから。

歩く速さや姿勢に、その人の人生や仕事に対する考え方や価値観が出てくるから不思議です。

人一倍努力し、真剣に仕事や人生で成果を出そうとする人は、ノンビリ歩きません。戦場にいるようなものですから、夢や目標に向かってテキパキと速く歩くものです。

仕事中にもかかわらず、ボーッとして歩いたり、ノロノロ歩く人を、私は何事においても当てにはしません。それだけ進むことに真剣ではありませんから。

「一事が万事」で、真剣に生きている人であれば、歩く時でも、その真剣な姿が自然と出るものなのです。

逆に歩くという通常誰も見ていない行動の中に、実はその人の考え方や生き様が現れるものなのです。それはばかりは、隠せないものです。生き方でもありますから。

ぜひ、時間を大切にする意味でも、気合を入れて仕事をする意味でも、速く歩くようにしてみてください。

歩くこと一つとってもそれだけ真剣であれば、「できる社員」になるのも時間の問題ですから。

26 勢いよく一挙にやる習慣を

仕事を最も速く正確にやりたければ、勢いよく一挙にやることだ。それを繰り返していれば、気がついたら、「できる社員」としての評価を周りから得ているだろう

仕事ができるようになる秘訣は、どんな仕事でも勢いよく一挙にやってしまうことにあります。

ダラダラやればやるほど手際よさがなくなり、集中力も欠けているため、いつまで経っても終わりません。かえって時間がかかる割には、不正確で質の悪い仕事となってしまいます。

私もそうでしたが、おそらく皆さんもそんな経験があるのではないでしょうか。

仕事ができる人には、必ず「勢い」があります。普段からどんな仕事でも勢いよく一挙にやる習慣を身につけているからなのです。

嘘だと思ったら、ぜひ周りで仕事ができる人、つまり「できる社員」との評価を得ている人をよく観察してみてください。

彼らは特殊なケースを除いて、どんな仕事でも勢いよく一挙にやります。それが

癖になっているのです。また、そうすることが、最も仕事を多く速くこなせる方法であることが身に染みてわかっているのです。

皆さんも、騙されたと思って同じようにやってみてください。驚くほど仕事の処理が速くなりますから。と同時に、集中してやりますから、仕事の正確性・合理性も向上していくことに気づくでしょう。

私のアメリカ人元上司もそうでした。

一つの仕事に取り掛かったら、ものすごい勢いで一挙に終わらせてしまうのです。その間は、すべてその仕事に集中されていました。殺気を感じさせるくらいに。

また、短時間で仕上げているのにもかかわらず、出来上がった仕事の質と正確性の高さにはいつも驚かされていました。

そんな「できる社員」を職場の周りで見つけ、お手本としてそのやり方を真似できたら、一挙にやる習慣も身につきやすくなると思います。

27 短く書き、話す

「できる社員」は文章も話もポイントをついて短くする

結婚式や学校の運動会などで、来賓を代表して取り留めのない話を延々とする人がいます。

そんな人を見て、「できる人だなあ。私もあんな風に話したいなあ」と思いますか？

通常逆ですね。

「聞いている人の気持ちを考えないあんな無神経な人にはなるまい！」と憤慨する人も多いのではないでしょうか。

せっかく皆に喜んでもらうためにスピーチするつもりだったのが、人が嫌がる長い長いものであったため、かえって嫌われてしまうことがあります。そんなことをしていたら、次からスピーチは頼まれないでしょう。

仕事でも同じことが言えます。

すでに紹介しましたが、「仕事は戦い」で、「職場は道場」です。

戦いをしている最中に、長時間、的を射ない文章を読まされたり、話を聞かされたら、たまったものではありません。

私のアメリカ人元上司に、ダラダラと長く書いた的を射ない報告書を渡したら大変なことになります。読みもしないで、その場でビリビリに破られ捨てられてしまいます。

また、スピーチでもまず結論を先に言い、ポイントをついて短く話せなかったら、途中で遮られます。最悪の場合、会議室から退場させられたこともあります。「みんなの『時間泥棒』になるやつは、この場にいらない！」と、突然言われて。

「できる社員」は、文章も話も短いのです。電話も通常一分、長くても三分以内に終わらせます。

逆に言うと、話の長い人ほど、また文章の長い人ほど、「できない社員」「ダメ社員」なのです。

どうしてそうなるのでしょう？

話をすること、また文章を書くことの目的をしっかり理解していないからです。何のために忙しい上司や先輩の時間をとらせてまで、話を聞かせたり、文章を読ませるのか、です。その時に伝えなければならない大事なことがあるはずです。それだけ正確に伝えればいいのです。

話や文章は、結論を先にしポイントをつけば、逆に短いほうが正確に伝わるのです。相手も人間ですから、ダラダラ説明されたら、かえってポイントが見えなくなって理解できなくなります。

「できる社員」は、聞く側、読む側の立場を考える習慣がついている人なのです。

28 人の嫌がることを率先してやる

本物の「できる社員」は、人間として成長するために、人の嫌がる雑用や仕事を喜んでやれる人

「できる社員」と見られる人は職場でも結構いると思います。しかし、本物の「できる社員」はそうはいません。

本物の「できる社員」は、人間的に立派です。その人が会社を辞めたら、どうしてもまたいっしょに働きたくて、いっしょに辞めてついていきたくなります。私にも、そういう上司や先輩がいました。

とにかくいつもいっしょにいたくなるくらい、人間的に魅力的なのです。

有名な話ですが、稲盛和夫氏が勤めていた会社、松風工業を辞めて京都セラミック（現京セラ）を創業した際、どうしても稲盛氏といっしょに働きたいとのことで、松風工業から七名の社員が辞めて合流したのでした。

「人間的にできた人には、ビジネスにおいても、必要な時に必要なものは必ず集まる」

四半世紀の間、日米アジアで成功した方々を見てきて、実感することです。

稲盛氏も、彼の人間的魅力から、経営に必要とされるヒト、モノ、カネが自然についてきたのです。

人間的にできた人は、人が嫌がることを率先してやれる人でもあります。そんな人が職場に一人でもいたら、「道場」としての職場が活気づきます。

逆に活気のある職場には、人の嫌がることを積極的にやる立派な人が必ずいるのです。活気のある職場であればあるほど、そんな立派な人が多いのです。

「本当に仕事ができるようになりたければ、まず人間的に立派になることを目指せ！」

私のアメリカ人元上司がことあるごとに語ってくれた言葉です。彼も、上司からそのことを言われ続けたそうです。上司でありながら、人が嫌がることでも随分と積極的に引き受けていた私の上司のその言葉にはとても説得力がありました。

29 自分の人間性を売る

「できる人」は、商品やサービスではなく、自分の人間性を売る

どんな仕事でも必ず何かを売らなければならない状況に出くわします。営業担当ならばなおさらです。

「何言っているんだ。私は営業職ではないから、何も売る必要はないよ！」

確かに営業の仕事をしていなければ、頻繁に売らなくても済むでしょう。

しかし、仕事をしている限り、あなたは誰かに何かを売らなければなりません。

それは必ずしも、商品やサービスではないのです。

たとえば、社内での企画や提案は、上司や他の社員に上手く説明・説得し、あなたの案を受け入れてもらわなければなりません。

また、時々上司に自分の仕事ぶりを直接的または間接的にアピールして、理解・評価してもらわなければなりません。

したがって、どんな立場であっても、既に述べましたが、仕事をしている限り、あなたは何かを売らなければならないのです。

何かを売らなければならなくなると、ほとんどの人は間違えます。そのものを売ろうとしてしまいます。

「売ることの達人」だった昔のアメリカ人上司から教わったことですが、「何かを売りたければ、まず自分を売るべき」なのです。さらに自分そのものよりも、人間性を売るのです。

この人といっしょにビジネス・仕事をしたいと思わせるのです。

あなたは、信用できない相手、または好きでない相手から、何かを買ったり採用したりしますか？

買ってもらう、また採用してもらうことの基本かつ秘訣は、まずあなた自身の人間性を知ってもらうこと。そして、評価してもらい好きになってもらうことです。

人間性を好きになってもらえたら、時間はかかるかもしれませんが、いつか必ず買ってもらえたり、採用してもらえます。

人間性を売るためには、普段から人間性を高める努力をしなければなりません。

人間性が高くなければ、売ることができませんから。

人間性を高める近道は、世のため人のために生き、仕事することです。

30 バカになって行動する

何事もやってみなければわからない。だから、バカになって行動したもの勝ち

「できる社員」と頭がいい人とは違います。なぜなら、頭がいい人は先読みし過ぎて結局何もできないからです。真の「できる社員」は、理屈抜きでバカになって、まず行動できる人なのです。

ある中堅企業の顧問をしていた時期に、同社の新規事業開発室の打ち合わせに参加させていただいた際のこと。

「業界でもまったく新しい試みですが、挑戦してみてはどうでしょう？」

若手社員さんからの元気な発言です。その直後先輩社員さんが一言。

「まだ、大手企業さえやっていないことなのに、うちみたいな体力のない会社がやって上手くいくわけがないと思います。そもそも、乗り越えなければならない障壁が多過ぎるし、失敗する確率が高過ぎると思います」

「おっしゃることは正論であり、当然だと思います。しかし、社長がこの『新規事

業開発室』を創設された際、言われました。『失敗覚悟で他社がやっていない新しいことに、どんどん挑戦してもらいたい』と。元々新規事業ですから、業界で『初』になるのは、当たり前だと思います。大手に勝つためには、大手にはできないまったく新しいこと、即ちリスクも伴うことをしなければ、いつまで経っても、大手に追いつき追い越せないのではないでしょうか」

「しかし、失敗したらどうする？　君責任とれるの？」

こんな会話、聞いたことありませんか？　私は仕事柄さまざまな会社の会議に出席しますが、よくこういう光景を目にします。こんな場合、共通点があります。まず、ここに登場してくる若手社員さんのような人は、熱く生きています。失敗を恐れずどんどん挑戦しようとするのです。どちらかと言うと、暴走するタイプで、単純でわかりやすい。組織によっては、私のようにちょっと抜けてるタイプで、後先考えずにガムシャラに頑張りますから、空回りすることも多いのです。

一方、ここの先輩社員さんみたいな人は必ずどこの組織にもいます。とても、頭がよく物事を冷静に見れる一方、冒険できないし、バカになって徹底してやれないタイプです。

さて、人生、またビジネスにおいて、どちらが成功するタイプかわかりますか？　人それぞれ、ケース・バイ・ケースですので、正解はないと思います。が、私がいろいろな人を見てきて結論づけますと、あまり先を考えずに、バカになって挑戦する人のほうが、圧倒的に成功しています。

なぜでしょう？

日米アジアでの経験に基づいた独断と偏見で説明しますと、世の中複雑過ぎて将来のことは、そう簡単に予測できないからです。人生やビジネスの現場では、理論通りや予定通りいくことよりも、そうならないことのほうが圧倒的に多いのです。だから、人生捨てたものではないですし、エキサイティングで楽しいのです。つまり、やってみなければわからないのです。

先に、理論的に予測を立てて確率を計算して、実現する可能性が低いということで諦めてしまう人は、一生何もできないでしょう。そういう人は、計算高い人ですから、頭がいいのです。私のようにバカな人は、予測したくても確率を計算したくても、できないのです。

人生とにかくまずやってみなければわからないのです。ですから、大失敗をよくします。でも、その失敗のお陰で、多くのことを学び、前に進めます。

一つ、知っておかなければならないことは、段々複雑化するこの世で、確実に実現できることをやっても、大して意味はないということです。そんなことは、誰でもできることですから。差別化にはまったくなりません。

難しいことに挑戦して、四苦八苦しながら達成させるからこそ、評価もされ、また学び、次に前進できるのです。

実現できるまで、何度失敗してもいいではないですか！　最後に勝てばいいのです。そして、その失敗する過程で大いに挫折し、大いに悩み葛藤すればいいのです。そのことによって、大きく人間として成長できるのですから。

ウォルマートのサム・ウォルトン、マイクロソフトのビル・ゲイツ、デル・コンピュータ（現デル）のマイケル・デル、松下電器産業（現パナソニック）の松下幸之助、ソニーの井深大《まさる》や盛田昭夫、本田技研工業の本田宗一郎等々の諸氏。成功した人は、皆先を読み過ぎることなく、その時々に目の前にあることに全力で挑戦してきました。その破れかぶれの行動の積み重ねが、大成功を招いたのです。

31 セミナー、講演会、異業種交流会に出まくる

セミナー、講演会、異業種交流会などで、どんどんできる人に会って勉強する人は、その影響を受け、自然にできる人になる

目標を目指して頑張っている人は、常に人脈を広げる努力をしています。目標を達成するために人脈を広げることが、どんなに大事かがわかっているからです。

私は独立する前に勤めていた会社で、大して仕事もできたわけではなかったのに、スピード出世させていただきました。その理由は、明らかでした。

一つは力のある上司についたこと、そしてもう一つはかなりの人脈をつくることができたからです。力のある上司から評価され引っ張ってもらえたのも、実は私には強力な人脈があったからだと思います。決して、私に実力があったからではありません。

人脈をつくれるきっかけとなったのは、セミナー、講演会、異業種交流会などに出て、何人かの著名人からどんどん有力者や著名人を紹介してもらったことから始まりました。

そのお陰で人脈が広いのも実力だと言ってくれる人たちがいます。

なぜ、そんなに人脈にこだわったかわかりますか？

夢や目標を達成するために、手っ取り早くできることは、人脈づくりだと確信したからです。

ある時どうしたら短期間で人脈の拡大ができるかを考えに考えました。そして、出てきた答えが、セミナー、講演会、異業種交流会などに出まくることでした。それも、有力者や著名人主催のものです。

有力者や著名人の人脈というのはすごいものがあり、通常一人の有力者や著名人と親しくなると、さらに別の有力者や著名人とどんどん繋がっていきます。有力者や著名人が主催する、もしくは話をするセミナー、講演会、異業種交流会には、必ずと言っていいほどさらに上の有力者や著名人が来ます。そのため参加者もそれを知ってかあるいは期待してか、他のセミナー、講演会、異業種交流会に比べると、かなりレベルが高いのです。社会的影響力のある参加者が多いのです。ですから、人脈を広げる観点からすると、とても効果的で効率がいいのです。

私は夜仕事を終えるなり、都合がつけばそのような講演会や異業種交流会に、どんどん出てきました。そして、会いたい人がいれば、必ず会えるようにしてもらってきました。

まず、主催者や講演者である有力者や著名人には顔を覚えてもらえるくらい、強烈な印象を与える話をし、すぐに親しくなります。そして、その方から、その場にいる親しい有力者や著名人を紹介してもらいます。そうすることで、いきなりその場に参加している有力者や著名人と親しくなり、後日再度お会いできることになります。気がついたら、その方々ととても親しい友人関係になっており、さらには自然と顧客になってもらいました。

人脈を広げる方法はいろいろありますが、短期間でそれなりの方々と知り合うには、この方法が相当効率的かつ効果的です。

ポイントは、人間として好きになってもらい、楽しい関係を構築していくことです。

夢や目標を達成する観点から見たとき、セミナー、講演会、異業種交流会などに参加することは意義深いものがあります。より多くの人と知り合えることもさることながら、運命の人に出会えることもあるのです。というのは、その場で運命の人と出会えることもあれば、そこで知り合った人に運命の人を紹介してもらうこともあるのです。

ここでいう運命の人とは、一生のお付き合いをする人です。仕事上かもしれませんし、趣味等での個人的なお付き合いになるかもしれません。

それでは、なぜ運命と言うかです。理由はその人と知り合ったことで、生き方や考え方、また夢や目標が変わるからなのです。

私の場合、若い時に、運命の人と出会って将来の夢と目標、即ち「国際経営コンサルタントになること」が定まりました。

ちなみに、それ以前は、私は英語が大の苦手でしたので、一〇〇%英語が関係のない仕事、たとえば建築関係の職業につけないか、迷っておりました。

しかし、運命の人と出会って、その人に勇気づけられて、あえて自分の弱さに挑戦し、その可能性に賭けてみることにしました。彼と出会わなかったならば、米国にも行かなかったでしょうし、米国の経営大学院（ビジネス・スクール）にも行かなかったでしょう。

好きな「国際経営コンサルタント」になれたお陰で、私にとって人生がとても楽しく意義深いものとなりました。

　ですから、セミナー、講演会、異業種交流会の効果のすごさを自ら体験した私は、今でも都合がつく限り、さまざまな会に出席し、人脈を広げ、新たなる出会いをつくる努力をしています。もしかして、さらなる夢と目標を見つけられる運命の出会いが待っているかもしれませんので。

32 作業が終わるごとに「TO　DOリスト」の優先順位を確認する

仕事ができる人とできない人の基本的な違いは、「TO　DOリスト」を意識して仕事をしているかどうかだ

我々は考え方によっては、毎日「生」と「死」を経験しているといえます。「生」は朝の目覚めで、「死」は就寝です。一度起きれば、「生」を貰ったわけですから、人間としての活動を始めます。そして、夜寝てしまうと、心身ともに活動が止まり、「静」つまり「死」の世界に入るのです。

仏教では、このことを「輪廻転生（りんねてんしょう）」（生まれては死に、また再度生まれてくることを繰り返すこと）として説明しています。

このように、人間は、毎日毎日「生死」を繰り返しているともとれるのです。

したがって、「今日できなくても明日やればいいや……」なんて思ったら、大間違いです。明日はないのです。

また、今日やるべきことを今日できなければ、仕事で負ける要因を積んでいることになります。「一事が万事」ですから。最低でもその日は、負けた日です。負け

た日が続くと人生でも負けます。

一度先延ばしした人は、何度も何度も同じことを繰り返すのです。要するに、時間にルーズで、期日を守れない人になっているのです。

今日やるべきことは、明日に持ち越さない。つまり、今日中に終わらせなければなりません。なぜなら、明日は明日で、またその日のうちに、やらなければならないことが多く出てくるからです。

目標を達成できる人は、その辺のことを実によくわきまえています。

彼らは、一度やることを決めたら、まず一つひとつを片付けていきます。それも、「TO　DOリスト」を作り、作業が終わるごとに、優先順位を確認します。なぜなら、時間の経過とともに、急に追加で優先順位が高いことが、どんどん出てくるからです。

ただし、基本的には、「目前の一つひとつの問題が解決できなくて、何で他の新しいことができようか！」です。

もちろん、いくつかのプロジェクトを同時にこなさなければならない時もあります。しかし、目標を達成する人は、何でもかんでもやりません。全部中途半端になるからです。まず目先にある問題を、一つひとつ決着をつけていくことに最大の努力をします。

生半可、明日があると思っていること自体、真剣に目標に向かって努力するのには障害になるのです。明日は実はないのかもしれません。

であるならば、作業が終わるごとに優先順位を確認し、今日中にすべきことは必ず終わらせなければなりません。

「できる社員」は、一つひとつの作業、そして一日一日を完結させられる人です。要するに今日やるべきことは、明日に持ち越さず、優先順位の高いことから順番に次々終わらせるのです。明日に持ち込みません。これをコツコツと徹底してやってきたから、「塵《ちり》も積もれば山となる」で、目標を達成できる「できる社員」になったのです。

一日でできることは限られています。ですから、大事なことはやるべきことの正しい優先順位を作業が終わるごとに決めることなのです。

33 頑張っている人に会いまくる

頑張っている人に会えば会うほど、ポジティブなエネルギーをもらえ、影響を受けて、頑張れるようになる

できる人になりたかったら、頑張っている人と付き合うことは、必要不可欠です。

場合によっては、あなたの成功の決定的なカギを握る人々でもあります。なぜなら、運は、あなたが付き合う頑張っている人が持ってきてくれるからです。

逆に頑張らない人とばかり付き合っていると、やる気までそがれるので、運も悪くなっていきます。頑張っていない人には、上手くいかない傾向があります。当たり前中の当たり前ですよね。頑張らないでなんでいい結果が出るのでしょう。

頑張っていない人と付き合わなければならなくなった場合、あなたは自分のエネルギーや運まで吸い取られてしまいますから、よほど覚悟してください。

できれば、頑張っていない人と会う以上に、頑張っている人と会い、付き合いまくることです。それには、上手くいかないことの原因や運の悪さを打ち消す効果が

あるのです。

なぜ、頑張っている人と会っていると、やる気も出てきて運もよくなるのでしょう？

一言でいいますと「類は友を呼ぶ」なのです。要するに、頑張っている人は、原因結果の法則から、いい結果が出て運までもよくなります。運がいい人は、周りの人まで運をよくしていきます。

このことは、私が多くの頑張っている人を見てきて、検証してきたことでもあります。

ですから、これはある種の法則といっても過言ではないと思います。ということもあり、私はこれを「類は友を呼ぶ法則」と名付けています。でも、最初に友人から、このことを教わった時、私はまったく信じませんでした。逆に反発したくらいです。

「付き合う人で、自分のやる気度や人生が決められてたまるか！　自らの人生は自らが切り開いていくんだから、誰と付き合おうと関係ない。まったく、バカバカしいことを言うな！」という感じで、腹を立てていました。

しかし、自分や友人たちの体験を通して、その「類は友を呼ぶ法則」が厳然と存在することを認めざるをえなくなったのです。

私が、最初に独立した時に、パートナーとして組んだアメリカ人は、私と出会う一年前までは富豪でした。ところが、楽をして儲けようとしたため不動産投資で大失敗し、追われるようにして私が住んでいたテキサス州に引っ越してきたのです。

彼と知り合ったきっかけは、テレビを通じてです。一九八〇年代後半から、日本が米国に日本製品を大量に輸出し始めたため、価格・品質競争に敗れた米国製品が段々に売れなくなり、多くの米国企業が業績不振に陥っていきました。それで、解雇されたアメリカ人労働者が急増しました。怒った多くのアメリカ人は、米国企業の業績不振と失業率の悪化は、日本のせいだとし、一大「ジャパン・バッシング」(日本叩き）運動が起こりました。

その頃私は、米国での日本人ビジネス・コミュニティーのスポークスマン役をボランティアでやっていました。「ジャパン・バッシング」運動に対する地元日本人実業家として、米国のテレビに出演しコメントしたのでした。

それを偶然観ていた彼が、私のことを「米国で大儲けしている日本人事業家」と勘違いし、テレビ番組が終了後、私の名前を電話帳で見つけ、連絡してきたのでした。

彼は、私が金儲けにバリバリ頑張っていると思ったのでしょう。ですから、私といっしょにビジネスがしたいということで、毎日ストーカーのように電話をかけまくってきました。あまりにしつこいので、会ってみたところ、人はいいので〈しょうがない。これも何かの縁だろう〉と思い、しばらく彼といっしょにビジネスをすることにしました。

ところがです！　彼はまったく怠慢人間だったのです。

お陰で私は独立後、どんどんやる気を彼に吸い取られていきました。彼と組むまで、すごく頑張っていたのに、です。

我慢できなくなった私は、彼とのパートナーシップを解消しました。

そしたら、どうでしょう。また急に頑張ることができ、結果もどんどん出て運までもよくなっていきました。それで、ビジネスもすぐに再度軌道に乗ったのです。

やはり、同じ会ったり付き合ったりするのなら、やる気のある人が一番です。

34 行き詰まったら文章や図にする

ただ漠然と考えているから、いつまで経っても何も見えてこない。文章や図にすることで具体化・明確化ができ、物事の本質が自然と見えてくる

「できない社員」は、ミスや失敗などで問題が起きても、単に漠然と考えるだけなので、いいアイディアや考えが浮かびません。次に何をどうしたらいいのかわからないままですから、ほったらかしになります。そんなことで、結局いい加減な人として見られるのです。

一方、「できる社員」は、全力で対応します。何がなんでも解決しようと、できる限りの方法を試してみます。そのために文章や図を利用して、情報や考えを整理するのです。

世の中は複雑です。どんなこともさまざまなことから影響を受け、その結果として、現象となって出てきているのです。

複雑なことを複雑に考えていたら何も解決できません。あまりに多くの要因が浮かび上がり、何が影響を与え、それで具体的に何をすれば問題解決になるのかな

ど、却《かえ》ってわからなくなります。そんな時、考えれば考えるほど頭の中が混乱し、どんどんわからなくなっていくでしょう。私も昔そうでしたが、そのままでは何もできずに終わってしまいます。

単に文章や図にしただけで物事が明確になり、解決の糸口が摑《つか》めるとは思えないかもしれません。

もしそうだとしたら、ぜひ試してみてください。慣れないこともあり、始めはよくわからず、ピンとこないかもしれません。

でも、慣れてくれば、思考の限界を突破するためには、文章や図は強力なツールになることを実感できるようになるでしょう。ですから、少し試しただけで、「ダメだった！」と諦めず、いつも文章や図にして頭の中を整理する癖をつけてみてください。必ず成果は出ますから。

私も思考が行き詰まる度に文章や図にすることで、随分と問題を明確化し解決してきました。謙遜ではまったくなく、元々頭はとても悪いので、この方法は私にとって、今欠かせない仕事術になっています。

35 メモ魔に

できる人ほどメモをする。「できる社員」になりたかったら、徹底的にメモをとりまくることだ

メモ魔になることが、成功の秘訣であることを主張する「できる人」は多いです。私がお会いしてきた成功した国内外の一流の経営者、また各界のリーダーたちは、例外なく皆さんメモ魔でした。

それも忙しい人ほど丹念にメモをとります。いつでもどこでも関係なく、です。

また、日中の忙しい時ほど、どんどんメモをとられます。おそらく、忙しければ忙しいほど、次々と情報が入ってくるので、メモらないと覚えていられないからでしょう。

人間の記憶はいい加減なもので、絶対に忘れてはいけない大事なことでもすぐ忘れてしまいます。また、いいアイディアや提案ほど、あっという間に記憶から去っていきます。

忙しい時なら、どんどん新しい情報が飛び交いますから、目まぐるしくて忘れて

いくスピートも速いのでしょう。

もし、あなたが夢や目標を達成できる人になりたければ、いつもメモ帳か手帳を持ち歩きましょう。

これは、仕事ができる人の基本中の基本です。そして、もしいいアイディアや案が浮かんだら、すぐに躊躇《ちゅうちょ》なく書き留めましょう。

私は最近携帯電話をメモ帳代わりに使っています。電車、バス、タクシーなど揺れている車中でも、また移動中でも簡単にメモることができます。携帯電話のメール機能を使えば、メモしたものを会社や家のパソコンに送れます。そして、必要であれば、文章として編集もできますし、印刷してプレゼン資料としても使えます。

また、今毎月一冊の本を執筆することを自分に課していますが、本業の会社経営や経営コンサルティング業があるため、日々忙しくてなかなか落ち着いて書く時間がとれません。

そこで考え出した苦肉の策が、移動中や空いた時間を利用して携帯電話に原稿を少しずつ打ち込み、事務所や自宅のパソコンに送る方法でした。私の場合、原稿を書くのに一番時間を使うのが、項目ごとの主なアイディアとキーワードを考えることです。

事務所や自宅で座って構成を練るより、この方法のほうが比較にならないほど新鮮で斬新なアイディアや案が出てきます。

特に時間があり、ゆっくり考えられる状況より、日中の忙しい移動時にさまざまないいアイディアが出てくるのです。それをメモらないと本当にもったいないのです。次に思い出せるのはいつかわかりませんし、往々にして二度と思いつかないアイディアだったりもするのです。

人の話を聞いている時は、特にメモをするべきです。

聞き手は、メモするためにポイントを摑もうとして、内容を一生懸命理解しようとします。また、話す方も、その一生懸命メモを取る聞き手の姿に共鳴して、さらに力を入れて話そうとするのです。

この話し手と聞き手双方による真剣なコミュニケーションは、戦争のような忙しい日中の状況では、お互い集中するのにとても有効なのです。

36 書類や資料はすぐにファイルする

使い終わった書類や資料をすぐにファイルする癖をつけられない人は、一生「できる社員」にはなれない

仕事が「できる社員」と「できない社員」の決定的な違いの一つは、一つの作業を終えた後、即書類や資料をファイリングする癖があるかどうかです。

仕事の速い人は、新しい情報や資料などを使ったら、その使用直後、保存が必要と判断した場合、即座にファイリングします。それも、ファイルの内容が見てすぐにわかるように、ファイル名をつけてです。

そのうえ、置き場所も必要な時に探すことなくすぐ取り出せるように、あらかじめ決めたファイリングのルールに基づいて置くのです。

「できない社員」というのは、仕事の遅い人です。遅い理由の一つは、この即ファイリングをする癖がないからなのです。

使用後すぐにファイリングをしませんから、机やその周辺に、書類や資料がどんどんたまっていきます。そして、段々下に置いたものが、何であったか見えなくな

ります。

さらにどこに何を置いたのかさえも、まったくわからなくなります。したがって、絶えず書類や資料を探し回ることになるのです。

その探し回る時間的ロスは、日々繰り返すととてつもなく大きくなります。

たとえば、一日一時間探すのに費やしてしまったら、月平均二十日働いたとして、年間二四〇日になりますから、二四〇時間損をしているのです。一日八時間働くと計算すると、なんと年間三十日分仕事をしないで書類や資料を探し回っていることになります。

すごく非効率だと思いませんか！

「何言ってるんだ。一日一時間も物を探すわけないだろう！」

そんな風に思っているあなた、本当ですか？

コンサルタントという職業柄、いろいろな会社に行きます。その際、「できない社員」さんが書類や資料を延々と探し回る姿を頻繁に見ます。それも同じ人が、です。

見ていない振りをしてよくよく観察してみます。時間を計ってみると、一日分を合計すると、優に一時間以上は探すのに費やしています。

おそらく、まとめて一時間探しているわけではないので、ご本人は自覚がないでしょうが、一日に何度も何度も数え切れないくらい頻繁に探しているのです。

まさに、仕事の基本である、使い終わった書類や資料を即ファイリングしないことでの「悪循環」です。

37 もう二度と使わないものはすぐに捨てる習慣を

「できない社員」とは、もう二度と使わない書類や資料をいつまでも捨てずに大切に管理する非効率な人

仕事ができない人は、ものを捨てられません。それも、もう二度と使わない不必要なものを、です。

仕事のできない人に限って言います。

「捨てるだなんて、とんでもないよ！　その資料また将来使うかもしれないじゃないですか！」と。

一見正しいように聞こえます。

しかし、実は私たちが毎日見る書類や資料の中で、将来本当に必要になるものはごくごくわずかなのです。

私の場合、仕事柄、毎日大量の情報・書類・資料を入手します。しかし、その中で、将来再度見なければならないものは、おそらく五％もないでしょう。

ですから、私の大事な仕事術の一つは、新しい情報・書類・資料を得たら、将来

本当に必要かどうかを瞬時に判断し、そうでなければ使った直後に捨てるのです。

万が一捨ててしまったものでも、必要になった時に、また入手すればいいのです。

そもそもほとんどの書類や資料は、捨てても再度入手可能なものばかりであることに気づくべきでしょう。

したがって、将来使いそうでもその確率が低い場合、思い切って捨てるのです。そうでもしないと、書類や資料はどんどん溜まっていって、大量過ぎて管理不能になってしまうのです。

とにかく捨てることに徹しなければ、どんどん不必要なものが溜まります。そして、その二度と見ない、また使わないであろうものの管理のために、仕事において何よりも大切な時間と労力を使わなければならなくなります。

そんなことをしているから、「できない社員」になってしまうのです。

38 結論から先に言う

話は長くすればするほど、相手はイライラし理解できなくなる。
したがって、わかりやすくするために、いつも結論から先に言う

〝起承転結〟という言葉があります。この順番に文章を書くと、いい文章になるといわれているものです。

「起」……問題を提起し、「承」……起を受け、「転」……起・承に対して反論を展開したうえで、「結」……全体を結んで結論づける。

元はといえば漢詩、特に絶句の構成法がその原点です。

この起承転結、数学の証明問題でも使われています。この形が論理的に一番、すんなりいく形なのでしょう。

しかし、会話はリズムです。

また、口から出した瞬間から過去になってしまい、正確に戻ることも難しくなります。

起承転結で話をしようと思っても、途中で質問されたり、同意されたりするなど

で他の人が割り込んでくると、なかなか「結」までいかないことも多いでしょう。

特にビジネスの世界では、長々と最初に説明を行っても、興味を示してくれる可能性は低いものです。

そこで、まず結論から話し始めるのです。

たとえば、商品を売るために人と話したとします。その商品は、軽さが売りのOA機器と仮定しましょう。

「従来のOA機器は、重たく、持ち運びに不便という問題がありました。そこで、その問題を何とか解決できないかと、弊社では技術部門が一丸となって、バッテリー部分を小さくしたのです。でも、それで短時間しか連続利用できないようでは、持ち運びできるというこの商品の特徴は生かせません。試行錯誤の末、ようやく問題が解決しました。これが、六時間の充電で十二時間連続利用できるOA機器です。胸ポケットに入るくらい小さくて軽いのです！」という話。

「これは胸ポケットに入るほど小さくて軽いOA機器です」と結論を言ったほうが、興味を持ちませんか？

顧客は細かい技術や開発過程よりも、その結果が重要なのです。結果に興味を持てば、「なぜそんなことができたの？」と質問されるかもしれません。

結論以外の話すべてを相手に伝える必要はありません。また、相手も知りたいとも思わないことが多いものです。

まずは、結論。

これが忙しい相手の興味を引く魅力的なビジネス会話術です。商談の際、重要なのは過程よりも結果ですから。

39 業務日報は反省と成長のための手段にもする

「できる社員」は、業務日報を一日の仕事の反省ノートに使う

私は講演や書籍で頻繁に述べています。

「ちゃんとした業務日報が書けない社員は信用するな！」と。

残念ながら、ほとんどの社員は、日報を機械的・事務的に書いているのです。したがって、日報を書くのが単なるノルマになり、仕方なく出しています。せっかく手間暇かけて毎日作るのに、会社や上司の命令ということで、単に出すだけになっているのです。そんな惰性で書いているのは無駄なことです。

内容はかなり適当で曖昧《あいまい》か、あるいはあまり意味もないのに細かく書いていることが多いのです。

それならば、日報など出さずに、本業に時間と労力を使ったほうが、会社や本人にとってはより価値が高いのではないでしょうか。

私も日本の大学卒業後、コンサルティング会社のニューヨーク本社で働き始めてから、テキサス州ダラスで起業するまで十年近くの間、毎日欠かさず業務日報を出

していました。私のみならず、同じ部署の人たち全員がそうしていました。会社のルールでしたから。

仕事ができる上司たちは、部下の業務日報に毎日しっかり目を通していました。業務日報で理解のできないところ、不効率なところを見つけては、鋭い質問やアドバイスを浴びせかけてくるのです。

よく考えて書かないと厳しく叱られます。

それもそのはずで、「超」多忙の上司たちの時間を毎日業務日報のレビューのために使わせているのです。それも、一人の上司に部下が十数人いるのです。

「仕事の鬼」といわれるくらいできる先輩としばらくいっしょに仕事をした時のことです。

「なぜ仕事がそんなにできるのですか?」との私の質問に、彼は一言。

「自分で仕事ができると思ったことは、一度もないよ。でも、業務日報を一日の反省と自己の成長のために大いに役立てているからか、仕事ではかなり向上していってるのは実感する。毎日とにかくよくミスや失敗をするから、もう二度と同じミスや失敗をしないよう、なぜそうなったのか、そしてどうしたら今後同じミスや失敗をしないで済むのかをしっかり書きとめておくのさ」と。

彼の業務日報を見せてもらったところ、一日の業務内容の説明以外に、業務上の問題点とそれを克服するためにやるべきこと、そして一日の反省点がギッシリ詳しく記されているのでした。

私もそれを真似したところ、その後どんどんミスや失敗がなくなっていったのでした。

第4章　「できる社員」になる自己管理術

自己管理ができない者が
どうして他人や組織の管理ができようか。
自己管理できない者は
他人から一生信用されない

大事なこともなされない。
まず、弱き自己の管理の戦いから
始めよう。

直太

浜口直太

40 基本をバカにしない

基本を軽視してやらない人は、どこの会社・組織に行っても通用しない。どんなに偉くなっても基本をバカにして実践しなくなったら、失脚するのは時間の問題だ

尊敬する世界的なリーダーが、「社会人としての基本的な生き方」に関して言われました。特に、「信用できない人間像」について、次のような人を挙げていました。

・会社に遅刻する人
・無断欠勤する人
・退社時間が曖昧で、退社時間前からどこかへ消えてしまう人
・金銭的にルーズな人
・生活態度が不真面目な人
・口が上手い人
・変なお世辞を使う人
・言葉が真実性を帯びていない人

まったくその通りだと思いました。

当然のことながら、このような人は、遅かれ早かれ会社や組織から相手にされなくなります。何を言おうと信用されなくなるからです。

彼らには共通点があります。基本をバカにし、疎《おろそ》かにするのです。勤務年数が増えれば増えるほど、ついつい甘えが出て、仕事の基本を無視します。

もし、あなたの周りにこのような人がいたら、注意してください。そんな人と深くかかわったら、好むと好まざるとに関わらず、アッという間に影響を受けて生活や仕事のリズムを崩されます。

「できる社員」は、まず社会人としての基本がちゃんとできています。それも、他人の模範になるくらい徹底しています。つまり、右のパターンのまったく逆の言動をとるのです。

何事においても、やはり基本が一番大事で、基本がきちっとできている人は、どんな問題にも対応できるものです。

米国でコンサルティング会社に勤めていた際、「できる社員」は、間違いなく基本が恐ろしくよくできていました。

たとえば、アメリカ人上司たちは、私が仕えていた十年近くの期間、「無遅刻・無欠席・無早退」でした。出張の時は、必ず二時間ごとに部下である私にわざわざ電話してくるのです。

どちらが上司かわからないほどです。私は、電話がかかってくる度にいつも大変恐縮していました。

案の定、彼らは、その後出世頭となり、今ではプロフェッショナルが十万人勤めている世界的なコンサルティング会社の経営メンバーになっているのです。

41 時間厳守

時間を守れない人は、誰からも信用されないので、どんなに他の仕事ができても、本物の「できる人」とは見なされない

仕事でもプライベートでも絶対に守るべきことがあります。

人と会う約束をしたら時間を守ることです。しかも、待ち合わせよりも最低五分は早く着くようにするのです。

最近では携帯電話が広まったせいか、時間にルーズになってきたように感じます。時間に遅れても、携帯電話で連絡すればいいとでも思っているのでしょうか。よほどの理由がない限り、これは大きな間違いです。

基本的には、待ち合わせの時間がタイムリミットです。約束の時間を守れない人はルーズだと判断されてしまいます。

また、遅くても十分余裕を持って早く行けば、ちょっとした何かがあった場合でも、間に合う可能性は高くなりますし、多少のアクシデントでも対応する時間もあるということです。

友人で、いつもなぜだか約束の時間から五分遅れてくる人がいました。彼は、仕事はきちんとこなす人です。彼以外の人たちは、待ち合わせ時間より必ず五分前には、約束の場所に来ていました。ですので、彼を待っている時間は合計十分以上になります。

しょっちゅう彼が遅れて来るので、ついに、待ち合わせ時間を五分早く伝えることにしました。するといつものように五分遅れて来るので、五分早めに待ち合わせたことから、結果的には、ぴったりとなるのでした。

となると「無理に遅れてきているのか」「待たせることで、自分が一番偉いと思わせたいのか」と変な不信感を他の人たちは持つようになりました。

その結果、彼から友人は一人離れ二人離れて、懇意にしていた親友たちもほとんど彼の元を離れてしまったのです。

彼は、仕事はできる人でした。でも、このようにちょっとしたことで他人から不信感を持たれ、袂《たもと》を分かつ結果になってしまったのです。

この教訓から、私は絶対に約束の時間に遅れないよう心がけるようになりました。

そして、もしも、相手が早めに来ている人だったとしても、約束より早くその場に着くようにすることによって「気遣いのできる人」として評価は高まります。小さいことですが、時間に関する評価は意外と大きなものです。能力以上に評価される場合もあります。

少なくとも私の過去の上司たちは、時間にはとても厳格で、私も時間を常に守っていましたので、能力以上の評価をしてくれました。

たかが五分、されど五分。たった五分の違いであなたの評価が変わり、その後の人生の展開が大きく違ってくることすらあります。

また、その些細《ささい》な五分の心がけを周りの人たちは本当によく見ているのです。ですから、五分たりとも遅刻しないよう、普段から肝に銘じ、習慣化しておくべきでしょう！

42 朝に勝つ

朝に勝てない人は、人生にも勝てない。なぜなら、人より成果を出せる人は、最低朝頑張れる人だからだ

仕事のできる人の共通点は、朝に勝っていることです。ここでいう、朝に勝つとは、まず朝早く起きて、早朝の時間を有効に使うことです。それによって、その日一日を勢いよくスタートするのです。時間に追われるのではなく、時間を追うのです。

朝早く起きるといっても、人によって時間の差があることでしょう。できれば、朝五時前に起きていることが望ましい。なぜなら、五時前に起きれば、出勤前に二時間位まとまった時間ができます。そうすれば、かなりの作業ができます。

人間は早朝が最も頭がさえ、集中力がありますから、朝早く起きて創造的なことをするのをお勧めします。たとえば、執筆したり、事業計画を練ったり、企画を立てたり、経営戦略を立てたりです。

もし、今、朝に勝てていないようでしたら、勝てるように手を打たなければなり

ません。知人で毎週のように会社に遅刻している人がいます。遅刻しては後悔して、「これからは絶対に遅刻しないぞ！」と決意するのですが、また次の週に遅刻してしまうのです。これを毎週のように繰り返しているのです。

「よく会社からクビにならないなあ」と周りの人は感心して見ているようです。このような遅刻の常習犯には共通の問題点があります。朝に負けているということです。つまり、朝早く起きれないのです。

実は、簡単に朝早く起きれる人は、そうはいません。

朝に勝っている人は、皆工夫しているのです。もっというと、寝る際に翌朝勝てなかったことに対する危機感を持っているのです。ですから、目覚めと同時にその危機感が蘇《よみがえ》ってきて、自身の生活や行動に対する責任感に転換します。

朝に勝てる人は、朝早く起きないことが、その一日にとってどれだけ無責任なスタートとなり、損となるかを無意識に理解しています。

朝に負けている人が勝てるようになれば、驚くほど成果が出るのを知っていますか。私はそれを自ら体験しました。

私は高校を卒業するまで、遅刻の常習犯でした。しかし、大学に入学すると同時に朝に勝つことを一大決意しました。それからというもの、日本の大学時代、米国の大学院時代（修士・博士課程）、米国の会社勤務時代（途中で転職したので二社計十年間）、そして独立し、日米で会社経営を始めて現在までの十七年間を含め、計四半世紀の間、病気以外では無遅刻を通し続けています。

私のような遅刻の常習犯がなぜ遅刻をまったくしなくなったのか、皆さん不思議ではないですか？

一言で説明しますと、目標を持ったからなのです。つまり、遅刻を続けていた頃は、具体的な目標がまったくなく、その日暮らしだったのでした。

しかし、一度「一流の国際経営コンサルタントになろう！」と目標を定めてからは、その目標に向かい、達成できなかった時の危機感を無意識のうちに持ちながら、全力で邁進していったのです。

ですからもし朝に勝ちたかったら、まず具体的な目標を持ってください。そして、その目標を寝ても覚めても考えるのです。

43 掃除や整理整頓を徹底する

掃除や整理整頓など社会人としての基本ができていない人が、仕事ができるわけがない

できない私が、仕事で成果を出せるようになった理由の一つは、掃除や整理整頓など基本的なことを重視し、徹底してやったからなのです。

これは新人時代、上司がいつも厳しく言っていたことなのです。ですから、クビにならないために必死になって心がけ、できるようにしました。

元々私は、何をやってもダメでしたから、できるようになるまで、忍耐強く努力しました。

たかが清掃や整理整頓です。

でも気がついたのです。できない人ほど掃除や整理整頓などの仕事において基本的なことを軽視しているのです。

確かに一見大事ではなさそうです。

しかし、私は仕事において、基本的なことほど大切なことはないと思っています。

というのは、仕事でミスや失敗を起こす最大の原因は、基本的なことを軽視するからなのです。

つまり、掃除や整理整頓をして自分自身の周りをきれいにしない人は、心が乱れている証拠なのです。心が乱れていたら、集中して仕事で頑張れません。

そんな状態であれば、仕事にも全力を出せませんから、成果が出るわけがありません。成果どころか、ミスや失敗ばかりすることになるでしょう。

「服装の乱れは、心の乱れ。職場（仕事場）の乱れは、仕事の乱れ」

私のアメリカ人元上司の口癖でした。

「職場を見れば、その会社と社員の質がわかる」

彼は、初めて顧客（クライアント）候補となる会社を訪問した際、必ずその職場をチェックするようにしていました。ですから、この言葉は長年の経験から導かれたものなのです。

彼といっしょに初めてクライアント候補の企業を訪問していた時のことです。その会社は、業界でも注目を集めていた、「超」急成長中のベンチャー企業でした。

その上司は、入ったばかりの職場を見て言いました。

「ネイト（私の米国でのニックネーム）、この会社はすぐ行き詰るから、顧問契約を結ぶのは止めよう」と。

「え！　何故でしょうか？　これだけ世間で評価されていて将来性がある会社なのにですか？」

「今はそうかもしれない。しかし、この会社の経営者や社員は、職場が汚いのに無頓着だ。いくら急成長中のベンチャー企業でも、職場をないがしろにするような経営者や社員が中心になってやっているところは、すぐにおかしくなる。そんな会社は、我々の手には負えないよ。会社としての基本ができていないのだから、おかしくなるのは時間の問題だよ。ネイト、よく覚えておいてくれ。『一事が万事』だから、掃除や整理整頓ができていない会社は、必ず行き詰るから」

結局、上司の判断で、その会社の強い要請にもかかわらず、顧問契約をしないことになりました。

当時の私には、まったく理解できませんでした。せっかくのクライアント候補なのに、契約を結ばないなんて。

しかし、その半年後上司の言葉の意味していたことがよくわかりました。なんとその会社は倒産してしまいました。三人の社員が、大金を持ち逃げしてしまったのです。

その時初めて、仕事とは一見関係なさそうな掃除や整理整頓などの基本的なことが、いかに大切かがわかりました。

仕事といっても、所詮人間生活の一貫です。ですから、人間として最低限しなければならないことができていなければ、活動に支障をきたすのは当たり前なのでしょう。

44 無遅刻・無欠席・無早退は常識

どんな偉そうなことを言っても、結局行動がすべてを物語る。遅刻・欠席・早退を繰り返すような人は、社会から信用されない

米国で、経営コンサルタントとして独立する前に、大手国際会計・経営コンサルティング会社である二社で計十年働きました。

両社とも上司は本当に厳しかったです。

今日本に戻ってきてさまざまな会社の経営支援に携わっているのですが、日本の会社の上司がいかに優しいか、また甘いかを知り驚いています。

当時の上司たちの共通点は、まずスピード出世してきたこと、そして、何十年も働いてきているのに、無遅刻、無欠席、無早退を通してきたことです。彼らにしてみれば、それは当たり前中の当たり前なのです。

お陰で私も同期入社組の中で、徹底的に仕事をしなければならないということ、そして無遅刻・無欠席・無早退を守らなければならないプレッシャーを日々感じたのです。そんなことから、実は毎日辞めたくて仕方がありませんでした。もっと、

楽な会社に移りたかったのです。

しかし、調べたところ、他の会社もちゃんとしたところはどこも同じで、無遅刻・無欠席・無早退は当たり前なのです。

私は独立するタイミングを、大学を出て十年後、つまり三十二歳に設定してましたから、入社より十年間、無遅刻・無欠席・無早退を続けなければならないのかと思うと、気が遠くなる思いでした。

実際には予定通り、十年後独立したのですが、それまで本当に無事、無遅刻・無欠席・無早退を通しました。でも両社の職場では、上司たちがそうしてきたことから、それは常識であり、誇ることでも何でもなく、むしろ、そうでない場合は、問題社員となるので恥ずかしいことになります。

やはりどこの会社も社長や上司が厳しいところは、無遅刻・無欠席・無早退は当たり前で、当然の企業文化になっています。

米国に行く前に、アメリカ人は日本人に比べると働かないと聞いていました。ところが、実際に大手米国企業で働いてみて、それは真っ赤な嘘であることがわかりました。嘘というより、大きな誤解といったほうが正確でしょう。

つまり、経営陣や管理職になるアメリカ人は、日本人以上に働くうえに、日本人と比べ、倍に近いくらい生産性の高い仕事をします。できるアメリカ人のスピードは、優秀な日本人の比ではありません。

そんなことで、四十歳代で、世界的な企業のトップになることも珍しくはありません。また、その人たちの努力や能力を考えると、決してそれは早くないのです。

今日本でも仕事においてまさに欧米並みの生産性を要求されつつあります。そうなると質も大事ですが、コンスタントに着実に仕事をしていくことがポイントとなります。

その意味からも、無遅刻・無欠席・無早退は、仕事のみならず組織における常識だと受け止めるべきでしょう。

45 何事にも期日をつける

目標を達成できる人とそうでない人との大きな違いは、やるべきことに期日をつけて、それを守ろうと努力できるかどうかだ

目標を達成するためには、それまでに到達するまでの過程での努力が必須です。でも、ただ単に努力してもダメです。頑張っているのに、成果が出ていないのでは、前に進めません。前に進めなければ、当然目標はいつまで経っても達成できません。

目標を達成するための過程でしっかり成果を出していくには、何をやるにしても、すべてに期日をつけることがカギになります。

やらなければならない一つひとつのことに期日を設け、それらをこなすことが、結果的には目標を達成させていくのです。

現代における目標達成型人間の代表格であるワタミの渡邉美樹社長は、よく「夢に日付をつけよう！」と言います。つまり、一つひとつのやるべきことに期日をつけようとの意味です。

「一事が万事」で、一つひとつのやるべきことに期日を設け、実行していかなければ、最終的な目標など、達成できるわけがありません。まさに「塵も積もれば山となる」なのです。

私も「一流の国際経営コンサルタントになる！」という夢でもある目標を、高校三年生の時に設定しました。そのために、やるべきことに期日をつけました。

大雑把には、二十二歳で大学を出てから十年間で、米国の経営大学院（ビジネス・スクール）を出て、大手国際会計・経営コンサルティング会社に勤め、独立に必要なビジネスのノウハウ、システム、資金、人脈、パートナーを獲得するという期日つきの課題を設定しました。

そして、三十二歳で「国際経営コンサルタント」として独立し、次の十年で成長するための土台を作ることも決めました。

さらに、四十二歳から十年で、本業の経営コンサルティングで大きな成果を出し、儲ける以外に本を書いたり講演をしたりして、信用力アップのために外に打って出ることを課しました。

最後に、五十二歳から死ぬまで、世のため人のためになることを徹底してやることにしています。

たとえばビジネスで儲けたお金を寄付したり、恵まれない人たちにお金を使ってもらうということです。

私の場合も、「いつかこうなればいいなあ……」という願望ではなく、いつまでに具体的に何をするのかを決めたのです。でなければ、いつまで経っても前に進めず目標は叶わぬ夢で終わってしまうからです。

要するに、夢を達成できる目標にするのは、そのためにやらなければならないことすべてに、期日をつけることなのです。

不思議なもので、期日をつけて努力していれば、多少期日に遅れたとしても、いつかその目標は達成できてしまうのです。

ですから、大事なことは、何事においても具体的な期日を設定することです。

46 締切や約束は絶対に守る

社会人として、締切や約束を絶対に守ることは当たり前だが、万が一守れなくなったら、誠実に補う。失敗した時にどうするかがその人への最終評価となる

物事には全て終わりがあります。仕事もそうです。期限というものが必ずついて回ります。また、人とのつきあいには、約束というものもあります。期限や約束は決めた時に、必ず同意しているはずです。双方が「その日にできる」「可能である」と同意した結果、決められたものでしょう。一方的に押しつけられたものであっても、「やる！」と決めた時点で、同意したといえます。

となると、同意したものは実行しなければなりません。無理をしてでも絶対に守る、これが基本中の基本です。

とはいっても、守れなくなる事態も発生しますね。さぼっていたわけでもなく、忘れていたわけでもないのに、どうしてもその日時

が不可能になってしまうこともあります。

たとえば、事故にあって入院してしまったなど、不測の事態です。

それでも、手だけは打ちましょう！

自分の代わりの人をすぐに決めて、期限は守るべきです。


予期せぬ事態が起こった場合、すぐに何をなすべきか。わかった時点で速やかに、先方に連絡するのです。

なぜ、期限や約束を守れなくなってしまったのか、その分、どういう形式で補うのかをフォローするのです。

大事なことは、提案をきちんと示し、相手に受け入れてもらえるよう、誠心誠意の言動をとることです。相手に迷惑や心配をかけたのですから。

47 徹底的に自己管理を

すべての基本は、まず自己管理をすることから始まる。自己管理ができなければ、どこに行っても何をやっても上手くいかないことを肝に銘じよ

自己管理のできていない人は、会社でも組織でも信用されません。社会人としても失格で、当然責任ある地位にもつけません。

したがって、昇給・昇格などありえないのです。

理由は簡単です。

「そもそも自分という人間を管理できない人が、多くの人間が集まった社会や組織でどうやって他人といっしょにやっていけるのか」という素朴な疑問かつ不安が出てくるからです。

どんなに仕事ができたとしても、どんなすごいことを過去にしてきたとしても、今現在自己管理のできない人は、私もまったく信用しません。昔は昔、今は今ですから。

それは、昼夜も場所も関係ないのです。酔っていたからとか、旅行中だったから

気を緩めたためなどという言い訳は、大人の世界では通用しません。

今自己管理のできていない人は近い将来必ず崩れます。仕事もできなくなりますし、社会でも組織でも問題を起こします。人間というものは、「一時が万事」で、その辺とても正直なのです。

米国にいた際、仕事ができるのに自己管理ができない社員が何人かいました。仕事ができるからということで大目に見て、最初は自由にさせていました。しかし、時が経つにつれ、仕事も段々いい加減になっていきました。猫を被っていたのでしょうか。よかったのは最初の一年だけで、二年目からは、大きなことばかり言って、私の気を引こうとするのですが、結局仕事としてまとまりません。

不思議なことに、自己管理のできない人は、同じような自己管理のできない人と付き合い親しくなっていきます。まさに「類は友を呼ぶ」現象です。

自己管理のできない人は、自己管理のできる人と付き合えますが、自己管理のできる人は、自己管理のできない人とは付き合えません。

自己管理のできない人のいい加減さに、フラストレーションやストレスが溜まり、最後には憤りすら覚えます。いっしょにいるのも苦痛になっていくのです。

さまざまな活動をしていく際、ぜひ気をつけてほしいことがあります。

自己管理のできない人ほど大きなことを言い、過去の栄光の話をしたがります。そんな話を真に受けて評価し期待すると、彼らが急に優秀な人材に見えてきてしまいます。

もし、言っていることが本当か、また本当に起こるのか、わからない時には即決しないでください。まず時間をおいて、その自己管理のできない人が言ったことが本当に起こるかどうか確認してみてください。

私の経験からいうと、十中八九何も起こりません。

そして、その自己管理のできない人は、相手の責任にするなど非の打ち所のない言い訳をしてきます。

その時遠慮しないで言ってください。

「それでは、今後はまず自己管理がしっかりできるようになったらいっしょに仕事をしましょう！」と。

48 「百害有って一理なし」のタバコを止める

「百害有って一理なし」のタバコぐらい止められない人は、一流の人から信用されない

米国にいた際、アメリカ人上司、ビル・ヒビットさんから突然厳しく言われました。

「ネイト（私の米国でのニックネーム）、君は一流の人から信用されたいかい？」

「もちろんです！　そうでなければ、仕事でも成果は出せませんから」

「だったら、今すぐタバコを止めなさい！　君が年寄りだったら、今更こんなことを言わないけど、君には将来があるから、あえて今言っておく」

「は？　私は長年ヘビースモーカーです。タバコを吸わないと、イライラして落ち着いて仕事ができないのです」

「それは君の甘えであり弱さだ。『百害有って一理なし』のタバコを止められないくらい意思の弱い人を、誰が信用すると思う？　世の中、君のようなヘビースモーカーでも、よくないということでタバコを必死になって止めた人はいくらでもいるんだぞ！」

「昔から、何度も止めようとしたのですが……」

「でも、そのくらいのことができなければ、一流の人は信用しないよ。私も本心では、タバコぐらい止められないような自己管理のできていない人のことは、まず社会人としてまったく信用していないから……」

〈え！　彼は私のことを信用していなかったのだ！〉それを初めて知ってとてもショックでした。すごくすごく落ち込みました。今までヒビットさんとは、深い信頼関係があったと思っていましたので。

葛藤しながら、涙を一杯溜めて聞きました。

「ビル、でもあなたはタバコを吸ったことがないでしょうから、タバコを吸う人の気持ちなんてわからないでしょ？」

「君は知らないだろうが、私も大学生の時から『超』ヘビースモーカーだったんだよ」

「え！　それでは止められたのですか？」

「そうだ。入社して二年目に、尊敬できるある有名な経営者に出会って止めたんだ。同じことを言われてショックだった。でも止めるのは大変だったから、完全に吸わなくなるまで、一年近くかかったね。だから、そう簡単に止められない君の気持ちもよくわかるよ」

「その経営者になんと言われたのですか？」

「『一流の経営者になる条件として、タバコを止め、肥満を治すことがある。経営者に指導する立場のコンサルタントでありながら、なぜそのくらいのことができないんだ？　できないのであれば、信用もできないから君とはビジネスしたくないよ』と、冷ややかに言われたのさ。それから、タバコを止め、体重も二十キロ近く落としたのさ。その時本当に大変だったから思ったよ。『人生は戦い』だと」

その話を聞いて、長年止められなかったタバコを、私もついに止めたのでした。

自分の甘さと弱さを猛反省したのです。

49 ヘルシーで規則的な食生活を

人生は長い。どんな仕事についても結局最後は体力勝負となる。
ヘルシーで規則的な食生活は体力維持には不可欠

若いときは、どうしても無理しがちです。気ばかりが焦って、ついつい徹夜や食事抜きで仕事をしてしまうことがあるでしょう。私もそうでした。

私が若いときに最も欠けていた仕事への考え方に、効率と成果があります。仕事は、成果がすべてです。どんなに頑張って、食事を抜いたり、徹夜をしたり、休みなしでぶっ続けで仕事をしても、間違えだらけだったり、内容のないものだったら、頑張った甲斐がありません。

そもそも、その頑張りって何だったのでしょう？　ご自身は、すごく頑張ってやっていたように思ったでしょうが、独りよがりの努力でしかなかったのではないでしょうか。意味のない努力ほど虚しいものはないですよね。

仕事の期日を守ることは、当たり前中の当たり前です。しかし、内容が質を伴わず、単に期日を守っただけでは、まったく意味がありません。ですから、余裕を持って期日を設定しなければ、いい仕事はできません。

私は普段より「努力に無駄はない」と思っているのですが、それが成立する条件があるのです。一言で言うと、正しいことをしていることです。つまり、正しいことへの努力には無駄はありませんが、間違っていることをしていれば、どんなに頑張ったとしても、まったく成果に繋がらないのです。

その間違っていることの一つに挙げられるのが、ヘルシーな食生活をしていないことです。若いときや元気なうちは、多少無理はききます。

しかし、実は不規則な食生活は、どんどんあなたの体力や知力、最後には気力をも蝕んでいくでしょう。私はそんな人を数多く見てきました。それだけ、食べ物は我々の体と精神に大きな影響を与えるものなのです。

若いときに、無理してどんなに仕事ができても、その後、頑張ることができなくなってしまえば、何のための努力だったのでしょう？

今ヘルシーな食生活を送っておかないと、後になって段々体や精神にその影響が出てきます。ひどい人は、気力をなくしたり、病気になったりして、突然働けなくなります。

夢や目標が達成できるのは、健全な体と精神があってこそ、です。

ヘルシーで規則的な食生活のポイントは、定期的にバランスよく食べることです。コンビニ弁当とかファーストフードのハンバーガー等々同じものばかり食べないことです。できれば、満腹感が得られる肉類や穀物類ばかりではなく、野菜や果物もとるようにしたいものです。

私は米国にいたときは、ステーキ、ハンバーガー、ベーコン等の肉類が好きで、高カロリー・高コレステロールの食品ばかりとっていました。また、甘いものが大好きでしたので、毎回食後には、ケーキやアイスクリームは欠かせませんでした。そして、お腹がすいたら、ポテトチップスやチョコレートなどの間食もちょこちょこしていました。

仕事中心の生活で、期日の迫ったプロジェクトをいくつも抱えていましたので、時間が惜しいことから、食事の時間になったら、ストレスも手伝ってか、食べたいものを短時間でさっさと食べていました。

いつも食事は十分以内に終わらせていたのです。お陰で、食生活を変えて、ヘルシーな食事内容に切り替えても、なかなか早食いの癖が直りませんでした。

肉中心のファーストフードを食べ続けていたら、三十代後半から段々疲れが溜まってきて、いくら睡眠をとって休んでも、疲れが取れなくなりました。ですから、その疲れが体調に影響し、仕事の効率や生産性がどんどん落ちていきました。

一番如実に現れたのが、集中力やスピードがどんどん落ちていったことです。その結果、期日までに仕事が間に合わない、間違いやミスだらけ、ポイントがずれている等々。食べる時間や寝る時間を惜しんで、必死に仕事をしていたのに、私の仕事でのレベルと評価は下がる一方となりました。

私は考えました。このまま続けていると大騒ぎして仕事している割には、空回りだけで終わってしまい、職場でお荷物になってしまうと。だって、成果がどんどん出なくなったわけですから、どんなに頑張ろうと、会社にはいらない存在になってしまうのです。

目標を達成できるどころか、私は人生の敗北者への道をまっしぐらに進んでいる気がしたのです。悩んだ挙句、その根本的原因が食生活にあることに気づき、ヘルシーなものへと変えることを一大決心しました。

まず、タバコを吸うのを止めました。そして、肉類や甘いもの中心だった食事を、魚類、豆類（特に豆腐や納豆）、野菜、海藻類、フルーツ中心に変えました。

また、毎日夜遅くまで仕事をしていたことから、深夜お腹がすき、よく夜食を食べていました。そのため、毎朝起きると気持ちが悪く体調もよくないうえ、お昼まで何も食べたくなくなるのでした。ですから、重い夜食を食べることも一切止め、夜お腹がすいたら飲み物でお腹を満たし、食べるとしても少量の軽いスナックやフルーツに留めました。

そうしたところ、体重があっと言う間に十キロ以上減り、また集中力や精神力も増していくのが実感できました。そして、仕事での効率や生産性がみるみるうちに上がっていったのです。今、元々の目標通り毎月一冊のペースで本を書くことができるのも、そのお陰なのです。

ポイントは、健康によくない食生活はすぐに改良し、ヘルシーなものへと変えていくことです。人によっては、その効果がすぐに出る人と、半年や一年以上経たないと体感できない人もいますが、言えることは、例外なく健康になっていくということです。ぜひすぐに実践してみてください。

「急がば回れ」です。急いで仕事をしていれば、「そんな面倒くさいこと、していられません！」と思うかもしれません。でも、長期的・結果的には、ヘルシーで規則的な食生活に切り替えたほうが、仕事もできるようになり、目標も達成しやすくなるのです。

騙されたと思ってやってみてください。今よりずっと仕事ができるようになりますよ！

50 疲れたら無理をしないでまず休憩を

本当に仕事ができる人は、集中力と持続力を維持するために、休息を頻繁にとる

目の下に隈《くま》を作り顔色が悪く、睡眠不足が続いているのでしょうか、充血した目で仕事を続けている人がいます。

「少し休めば？」と声をかけると返ってくる答えはいつも同じ。

「今休むとみんなに迷惑をかけるから」

本当にそうでしょうか？

睡眠不足が続くと、人間は判断力が鈍ってきます。判断力が鈍るということは思考力も鈍り動きも緩慢になります。集中力も欠け、簡単なミスや間違いを犯す確率も高くなるのです。

実は、「今休まないと逆に迷惑がかかる」というのが現実なのです。

今だったら、たとえば三十分の仮眠で、ある程度回復するかもしれません。二～三日残業を止めて家に早く帰って休養をとれば、またバリバリ残業できる体に戻る

でしょう。

青い顔をしたまま仕事を続けていれば抵抗力も低下しますので、体を壊す可能性が高くなり、本当に倒れてしまうことだって考えられます。そのまま一週間や十日入院などということになったら、もっとみんなに迷惑をかけてしまうのです。

さらに、風邪を引きやすくなるので同僚にうつしてしまい、集団感染なんてことになるかもしれません。そうなったら、迷惑をさらに重ねることになるのです。

「自分がいなければ、他の人の負担が増える」という気概を持つのもある意味正しいでしょう。が、ちょっと休憩をもらっている間に負担してもらった分は、逆に誰かが休憩している時に率先して負担して取り返せばいいだけのことです。

また、「自分が動かないと仕事が止まってしまう」とのこと。

どれほどの決定権を与えられていたとしても、こんなことが事実なら、仕事の進め方が間違っているとしかいいようがありません。

仕事は一人でやっているのではないですから、自分に何かがあった時には、他の人にすぐに代わってもらえるように常に準備しておかなければいけないものです。

どう考えても、疲れている時は無理して働くよりも、少し休んでリフレッシュしたほうが、迷惑をかける度合いは小さくて済むのです。

また、仕事で体を壊すなど本末転倒。体あっての物種なのです。

健康だから、作業が効率的にはかどり中身の濃い本物の仕事ができるのです。この点を勘違いしてはいけません。

「急がば回れ！」です。

先は長いですから、疲れたらまず、休息をしてリフレッシュしてから、また頑張ればいいことを覚えておきましょう！

51 悪い習性はすぐ止める

悪い習性に気付いていながら、すぐに止められない人は、人生においても負け続ける要因を作っていることを自覚すべきだ

その人が成功したり、人間として伸びるかどうかを判断する一つのいい目安があります。

それは、その人が悪い習性に気がついた時に、すぐに止められるかどうかです。

悪い習性にはいろいろあります。たとえば、タバコを異常なほどよく吸う、酒を飲み過ぎる、遅刻をし過ぎる、嘘をよくつく、病的なくらい太っている、体調を崩すくらいよく夜更かしする、食生活が不規則、いつも食べ過ぎる、甘いものばかり食べるなど。例を挙げれば切りがありません。

よくないことに気づいたら、その時点ですぐに努力して止められるかどうかで、その人のその後の将来性を含めた人生が大きく左右されます。

ポイントは、人間ですから悪い習性はすべて止めるということではなく、自身が止めるべきだと決めた時に、本当にすぐに止められるかどうかです。

よくないので止めなければとわかりつつ、自分に負け、悪い習性をダラダラと続けてしまっていては、生きていて楽しくないでしょうし、第一自分に対する自信がなくなります。言い換えれば、どれだけ自己管理ができるかということにもなります。

米国では、「自己管理のできない人は、管理職にしない」というのが原則です。「自己の管理のできない人が、どうして自分を含めた組織の管理ができようか」という論理です。

世の中、勝ち組と負け組というわけですが、結局その差は、悪い自分の習性を改めると決めた時、本当に変えられるかどうかにかかっています。

もっといえば、人生において成功できる人とできない人との差は、大してないのです。ただ、悪い習性を止められるかどうかなのです。悪いことだとわかったわけですから、あとは当たり前ですが、すぐに「止める」だけなのです。

「そうはいっても、これは自分が昔からずっとしてきたことだから……」「理屈を言われても好きだから止められません」などと言い訳をするようでは、人生での成功も、人間としての成長も自ら放棄したのも同然でしょう。

そのように自分に甘い人は、結果として後で苦しみ後悔することになるでしょう。人生そんなに甘くないのです。多くの人は一生懸命自己の弱さを克服しようとしています。

人間は自分で行動した分だけ理解できますし、成長もできます。

悪い習性を止めるという自らへの挑戦をしないで、人の評論や非難ばかりしている傍観者は、人間として伸びないどころか、会社や組織の邪魔な存在として扱われます。成功どころか、組織から外されることは時間の問題となるでしょう。

ぜひ、自分の悪い習性を止めることで、弱き自己と戦ってください！

52 あいさつで勝つ

あいさつの達人は、間違いなく人生の勝利者になる

「『できる社員』は本当にあいさつが上手な人が多いですね！　感心します」

あいさつの達人である上場企業の社長さんから、突然言われました。

確かに、仕事のできる人は、あいさつがなぜか上手です。特に声の大きさ、話す速さ、お辞儀のタイミングなど見事な人が多いのです。そして、彼らがあいさつする時の笑顔は素敵で魅力的です。そもそも元気な人たちなのですが、あいさつする時は特に元気なのです。

渡米して最初に働いた大手国際会計・経営コンサルティング会社に、私の上司の上司で、デイビッド・クーゼンバーガーというアメリカ人取締役がいました。

彼は、本社役員の中でも数人しかなれない経営戦略会議メンバーの一人で、全社的な国際部門のトップでもありました。社内でも絶大なる影響力を持っており、彼が承認すればほとんど何でもできるのです。つまり、ＣＥＯ（最高経営責任者）に

近い権限を持っていました。

クーゼンバーガー氏は、会社では珍しく三流大学出身者でした。ですから、本来なら彼のようなバックグランドの人は、まずそんなに上の位にはいけないはずなのです。が、クーゼンバーガー氏は「超」スピード出世をし、四十二歳の若さで取締役になってしまいました。それは、同社でも異例中の異例のことで、社外でも、彼は実力派の若手で社長候補として注目の的になりました。

たまたまクーゼンバーガー氏の部屋と私の部屋が隣り合わせでしたので、毎朝私の部屋の前でバッタリ彼に会うのです。その際、クーゼンバーガー氏はニコッと笑みを浮かべながら、元気よく私にあいさつをしてきます。

そのあいさつは、心のこもった素晴らしいものです。まるで彼が私の部下のように、気を使ってあいさつしてくるのでした。

私のような若輩からしてみると、雲の上の存在である彼から、朝元気のいいあいさつをされた日は、一日中うきうきし、嬉しくてたまりません。

ある朝、いつものようにあいさつをした後、クーゼンバーガー氏に聞いてみました。

「どうして、そんなに素晴らしいあいさつができるようになったのですか？　ぜひ私も同じようなあいさつができるようになりたいです」

「あいさつで人をポジティブに変えたいと思い、誠心誠意あいさつできるまで何度も何度も毎日練習しました。そして、あいさつがちゃんとできるようになったら、まわりの評価も上がり、出世し始めました。なので、あいさつの大切さをさらに学びました。あいさつでは会社一番になれるよう、さらにいいあいさつができるよう心がけました。あいさつのお陰で私はここまでこられたのだと思います。すごく感謝していますよ」

私の知る限りであいさつの上手な人で、偉くならなかった人は一人もいません。あいさつをきちんとできる人は、周りの人を魅惑し、評価も高くなるのではないでしょうか。だから、上司もほうっておかないのでしょう。

53

身だしなみはビシッと清潔に

心の動きや乱れは、服装に現れる。会う人を敬う気持ちがあれば、まず一人前の服装に正せ

「服装なんて関係ない。中身だ！」とあなたは思うかもしれません。

確かにそれも一理あります。

しかし、世の中にはいろいろな人がいます。人によっては、服装がきちっとしていないと信用しない人もいます。私の経験から言わせていただくと、そんな考えを持った人は、長年人生で苦労をされてきた年配者に多いのです。でも彼らは実力者です。

価値観はいろいろとあっていいと思います。が、基本的にはダメ人間でもいいですから、誰からも愛される人を目指すべきでしょう。

なぜなら、相手から好かれようとすると、謙虚になれるからです。謙虚になれれば、人間的にどんどん成長します。気がついたら「あいつは若いけどたいしたもんだ！」と、人から評価されています。

ですから、人から好かれようとする努力は大事なのです。

私は基本的にはダメ人間なのですが、数少ない特技があります。それは、服装を見れば、その人の心理状況、価値観、考え方が読めてしまうことです。

長年、人相手の商売をしてきたからでしょうか。会って五分も話せば、性格まで見破れるようになりました。まあ、職業病だともいえますが。

心がきちっと定まっている人は、服装も軽んじません。仕事であれば、ビシッと決めてきます。

堀江貴文ライブドア（現ＬＤＨ）元社長が失脚した理由はいろいろあると思いますが、私は服装もその一因だと思っています。

というのは、以前タクシーに乗った時に運転手さんが憤慨して語っていたのです。

「お客さん、ホリエモン（堀江社長）どう思います？　日本は資本主義経済国ですから、稼ぎまくるのは大いに結構だ。しかし、あのカッコウはないでしょう。目上の人に会うのにＴシャツにＧパンはひどいよね！　我々運転手は、どんなに暑い日でも、帽子をかぶりユニフォームであるスーツを着て、ネクタイをビシッと締めているんです。お客様に最大の敬意を払っているからなんですが」

確かに当時、公の場所で堀江社長がビシッとした服装をしていたのを遂に一度も見たことがありません。もしそうしていたら、あれほどの敵を作らなくても済んだことでしょう。

あんなカッコウを続けていたら、「私は社会人としてはダメなんです」と言っているようなものです。

服装でちょっと気を使わなかっただけで、本当に大きなイメージダウンにつながったのではないでしょうか。自業自得と言ってしまえば、それまでなのですが。

ビジネスをするのに、相手がビシッとした服装をしているのであれば、こちらもそうするべきでしょう。でなければ、相手によっては、見下されたとか、軽んじられたと受け取ることもあるでしょう。

自分をダメ人間と思っている人でも、服装をビシッと決めていれば、他人からはダメな人に見えないものです。

私も服装をビシッとしていない人は、基本的に信用しないことにしています。少なくとも、人間として一流ではないことは確かです。相手に対する気配りや思いやりがないのですから。

ビジネスパーソンである前に、常識ある社会人でありたいと思いませんか？　内面に自信がある人は、それを映し出すかのように外見もビシッとした服装をしているものです。

54 姿勢よく座る

座る姿勢が悪いと、貧相でやる気がなく、何もできそうもないように見られることから、とにかく日々姿勢よく座る努力を

「バカもん、姿勢が悪い！　ビシッと座れ、ビシッと！」

突然の上司からの罵声《ばせい》に驚くとともに、なぜ座り方一つで朝からこんなに怒鳴られなければならないのか、その若手社員は、理解に苦しんでいる様子。たまたま、顧問先である上場したてのベンチャー企業を訪問した時の出来事です。その社員はかなり憤慨しています。

そういえば、私も小さい頃、両親によく叱られました。座った時の姿勢が悪いからです。いつもそれで父に殴られるのが納得できなくて、ついに母に詰問したところ、次の四つの理由を挙げられたのでした。

まず、姿勢が悪いと体に負担がかかり、病気になる可能性が高まる。二つ目に、心身ともにダラダラと緩むのでついつい作業の手を抜きがちになること。三番目として、周りで一生懸命頑張っている人が見たら邪魔な存在となる。最後の四つ目

に、早く疲れて集中力が落ちミスも出てきて、続けていくことが嫌になること。

これらを聞いて「なるほど！」と、幼いながらも結構納得したのでした。

今家庭や学校では姿勢のことで子供たちに指摘したり、正したりすることがなくなったようです。自己管理するべきこととして、昔ほどそこまで手取り足取り教えなくなったためでしょうか。

どうもそうではなさそうです。教師や親が自信をなくし厳しく言えなくなってきているのではないかと危惧しています。教師や親自身ができていないことも多いのです。


両親がいつも嫌というほど姿勢について厳しく指摘してくれたため、私は姿勢がよくなりました。そのため、長時間仕事をしても疲れませんし、仕事の集中力も人より維持できているようです。また、学校時代も卒業してからもまったく病気らしい病気をしたことがありません。

そのうえ、大学を出て就職してから独立するまで、さらに独立してこのかた遅刻や欠勤は一度もありません。

これらは偏《ひとえ》に、姿勢がよいからだと医師に指摘されました。

よく、いろいろな方から姿勢がよいと言われます。

一方、姿勢がよく、いつも胸を張っているので、威張っているようにも見られます。まあ、そもそも私は風格がないので、社長という肩書きを持っている以上、丁度いいのかもしれません。

いずれにしても、姿勢よく座るよう指摘してくれる人がいることは、あなたのことを本当に思って言ってくれているので、有り難いことなのです。注意してくれた人に感謝すべきですし、自分のために努力して姿勢よくすべきです。

姿勢のよい人は、とにかく堂々としていて魅力的ですし、頼りがいがありそうです。同じ座るなら、姿勢よく座ったほうが得だと思いませんか。

55 いつも笑顔で

いつも笑顔を絶やさない人は、誰からも好かれるから強い。どんどんファンや応援者が出てきて、結果的には「できる社員」となっている

日本の大学を卒業して、すぐに米国の大手国際会計・経営コンサルティング会社のニューヨーク本社に就職しました。

英語も仕事もまったくできなかった私が、クビにならず、多少なりとも出世できたのは、素晴らしい上司に恵まれたことと、その上司が、私がいつも笑顔を絶やさないことを非常に高く評価してくれたからなのです。

入社してすぐに、時間の問題でクビになることを察知しました。同期と比べてあまりに英語と仕事ができなかったのです。それもそのはず、同期のアメリカ人たちは超一流大学出身者ばかりで、英語は母国語です。本当に頭がいい人ばかりで、毎日ビックリするだけでした。

しかし、ただ一つ彼らに勝てることを見つけたのです。

彼らは確かに頭はいいのですが、愛嬌《あいきょう》がないのです。逆に頭がいいので、愛嬌

がなくてもなんとかなるのです。

私はといえば、頭が悪いうえ、大事なコミュニケーションの手段である英語ができないのです。できないどころか、世界的なコンサルティング会社のニューヨーク本社に勤めるプロフェッショナルとしては、そのできなさは限度を越えていました。当時、周りの人がよく我慢したと思います。

ですから、いつクビになってもおかしくない状況でした。

しかし、アメリカ人上司は、私をクビにしませんでした。

その感謝の意味を込めて、私は決めました。どんなことがあろうとも、毎日心に笑顔を持つことを。心に笑顔を持つということは、すなわち、本当に心から喜ぶとです。ですから、顔や言動からも楽しさがにじみ出ていなければなりません。

何があっても、毎日「スマイル、スマイル」と心の中で自分に言い聞かせました。まわりの人達がブスっとしている時でもです。

仕事もできず英語もしゃべれないのに、いつもニコニコしている私が、皆不思議だったようです。

知らない人が見ると、私がまるで仕事を一〇〇％エンジョイしているから、楽しくてしょうがなくて、いつも笑顔でいられるのだと勘違いしたことでしょう。

正直いって、当時は違いましたが、今は一〇〇%そうです。

アメリカ人上司は、私の笑顔を高く評価してくれました。

いつも大変な仕事をどんどん頼んでいるのに、文句一つ言わないどころか、笑顔で対応していたからなんだそうです。

でも当時の私にできることは本当にそれしかなかったのです。そのお陰で、周りの人に随分と気に入られ、私の仕事の評価も高まっていったのでした。

能力もなく仕事も大してできなかった私が、世界的なコンサルティング会社でスピード出世できたのも、いつも笑顔を絶やさなかったことから皆に好かれたためだと、今でも痛感しています。

56 大きな声でハキハキと話す

たとえ自信がなくても、大きな声でハキハキと話せば、堂々とした「できる社員」に見られる

一人前の社会人として、ぜひ実践するべきことがあります。それは、とにかくバカになって大きな声でハキハキと話すことです。

大きな声でハキハキ話し始めると、不思議なことに段々自信が出てくるのです。また、周りの人も、あなたがそのように堂々と話をすることから自信があると思うことでしょう。

昔から、「声仏事を成す」と言われています。つまり、あなたの声の大きさが、生命力、すなわち「元気度」「自信度」「躍動度」を表しているのです。

私も大物といわれる人とお会いする際は、普段より倍近くの大きな声でハッキリとお話しするように努めています。

ただでさえ、迫力やカリスマ性において負けているのですから、「若々しさ」「存在感」「勢い」においては、負けないようにしているのです。

大きな声でハキハキ話していると、強い人間や確信を持った人と自然に見られます。その強さに相手も押されて、協力してくれたり、同意してくれることが多々あります。明確な大きな声にはそれだけ、相手を圧倒するものがあります。

ぜひ、試しにやってみてください。すごい威力を発揮しますので。

どんなに自分のことをダメ人間だと思っても、このように大きな声でハキハキ話していたら、誰もあなたのことをダメだとは思いません。むしろ、魅力的に映るでしょう。そう見られているのがわかれば、あなたは、さらに自信を得ることができるのです。

ですから、やらないと損ですよね！

私は、日本の大学を出て渡米し、運よく大手コンサルティング会社に潜り込み（就職）ました。入るまではよかったのですが、英語力や専門能力が極端に欠けていたことから、仕事で前代未聞の大失敗を犯してしまいました。

ニューヨーク証券取引所に提出したクライアントに関する最終財務報告書の数字がかなり違っていたのです。そのため、上司と私は、ニューヨーク証券取引所に説明と謝罪に呼びつけられたのでした。

説明を始めるやいなや、上司は、とてつもなく大きな声で堂々と話し始めたのです。私はあっけにとられて彼の顔を凝視していました。

そうしたら、彼が相手に聞こえなくらいの小声で一言。

「君もおどおどせず、大きな声で堂々と話せ！」

それで、彼と私は、どんなきつい詰問に対しても、会議室の隅々に聞こえ渡るような大声で答えたのでした。

大声でハキハキ話していると、自然と堂々とし自信が出てくるから不思議です。本来なら徹底的に追求されるはずの面談が、終始こちら側のペースで進みました。

最後に先方が結びました。

「どうやら、あなた方はやるべきことをやったようですね。人間のやることですから、運悪くミスが続くこともあるでしょう。今回の惨事は不運が続いたのですね。今後二度とこのようなことがないよう、プロとして厳重に注意をお願いします」と。

正直言って中身のない説明をしていたのですが、大きな声で堂々と話す上司と私の言動から、相手までも完全に納得させてしまいました。

大きな声には、すごい威力があるのが身に染みた出来事でした。

57 おごってもらったら、お返しをする

おごってくれる相手の気持ちに大きな感謝の心を。そうすれば自然と感謝の行動に移る
「ここはいいよ、僕が出すから……」

「ええ！ 先輩いいんですか、またおごっていただいて？」

「いいんだよ。君より給料貰ってるんだから……その分仕事頑張ってくれ！」

「いつもいつも、すみません！ 今度は僕におごらせてください」

新人の頃は、上司や先輩におごってもらうことが多いでしょう。新人でありかつ安月給なので、当たり前と言えば当たり前なのかもしれません。

ただ、いつもおごってもらって平気なのはエチケットに反します。

先輩や上司は、給料は多少多いのかもしれません。でも、その分出て行くお金も多いものです。特に、所帯持ちであれば、奥さんやお子さんに関わる出費も多いため、使えるお金も少ないはず。かえって、独身であるあなたのほうが自由になるお金は多いのかも。

ですから、たまには感謝の意を込めて、給料日やボーナス時におごり返すのも一

つの礼儀です。

「あいつは若いのに気配りがあるなあ……将来立派なリーダーになりそうだ……」

と、お株も上がることでしょう。

ただ、私もそうですが、上司や先輩によっては新人や後輩に絶対おごらせない人も中にはいます。その場合、誕生日などに何か簡単なプレゼントでもしたらどうでしょう。高価なものじゃなくてもいいのです。感謝の気持ちですから。

もし、本人が受け取らないタイプの人なら、奥さんやお子さん、また恋人にちょっとしたギフト、たとえば本、お酒、花、コーヒーカップなどのもらって喜んでもらえるものを用意することをお薦めします。

大事なことは感謝の気持ちです。お金やものそのものではありません。

食事や飲みに誘ってくれることは、あなたと本音で話したかったり、部下や後輩として好感を持ち評価している証拠です。

その期待と評価を仕事で恩返しし、何かのチャンスにちょっとしたもので感謝の意を表しましょう。

上司や先輩は、そんなあなたをいよいよ好きになり応援したくなるでしょう。

おごってもらうのは当たり前だと絶対に思ってはいけません。たとえおごられるのに慣れている若い女性でもです。仕事の付き合いですから、持ちつ持たれつにするべきなのです。

あまりに頻度が多い場合には、毎回おごられると今後いっしょに行きにくいとでも言い、割り勘にしてもらうのも、関係を長続きさせるコツです。

58 電話は三分以内に

電話のかけ方を見れば、その人の能力がわかる。電話を要領よくかけられる人は、間違いなく仕事もできる

仕事のできない人は、必ず長電話します。それも頻繁に、です。

私はそんな人を、長電話ばかりしているので「電話魔」とか、電話で他人の大切な時間を平気で奪うので「時間泥棒」と呼んでいます。

そこで私は社員も含めて周りの人に言います。

「仕事での電話は三分以内に終わらせよう!」と。

仕事の電話は三分以内で十分なのです。仕事中ですから、お互い忙しいはずです。三分もあれば、十分必要な会話はできます。

用件を伝え、相手の話も聞くのに、よほどのことがない限り三分以上はいりません。長電話するとかえって、何のことを話していたのかわからなくなります。お互い忙しいのですから、余計な話は避け、単刀直入に話したほうが、伝わりやすいのです。

仕事をしていると一日にかなりの頻度で電話をします。その度に、長電話をして

いたら、何もできないまま一日が終わってしまいます。そんなことをしていたら、周りの人も、あなたを仕事のできない人、遅い人、いい加減な人と判断することでしょう。そんな風に見られたら嫌にならないですか。ほとんどの人は、その結果、当然仕事へのやる気も薄らいでいくでしょう。

私は営業時間であれば通常一件の電話をできれば三十秒以内に、長くても一分で終わらせます。

電話以外にもやらなければならない大事なことは山ほどあります。ですので、そうしなければ他の仕事に支障をきたしてしまいます。

しかし、昔から要領よく電話ができたわけではありませんでした。最初は要領を得ず、先方の話に合わせていたらついつい超長電話になっていました。そのため上司や先輩から怒られてばかりいました。

「お前はたった今、三十分近く電話で話していたんだぞ！『タイム・イズ・マネー』って知らないのか。こんな非効率な仕事をしていて残業手当でも要求してきたら、承知せんぞ！　その時は即刻クビだからな！」と。

その時は「電話してくれた顧客を大切にしようとしていたのに、なぜ?」と、理解できませんでした。

でも今から考えれば、私の要領を得ない電話がどれだけ相手の仕事を邪魔し混乱を招いていたのかがよくわかります。

たかが電話、されど電話です。

米国で顧問をさせていただいていた世界最大の流通業「ウォルマート」創業者の故サム・ウォルトン氏も生前よく言っていました。

「電話のかけ方を聞けば、その人がどのくらい仕事ができるかわかります。電話を要領よくかけられる人は、仕事もできるのです。やる気も抜群です」と。

59 人前では電話をしない

「できる社員」は、絶対に人前で電話をしない。どれだけ周りの人に失礼で迷惑になるかがわかる常識の持ち主だから

携帯電話が普及して十年以上も経ちます。最近では小学生までもが携帯電話を持っています。

一昔前までは、外出先で電話をかけなければならないときには、必ず公衆電話を探したものです。後ろに人が並んでいたりすると、可能な限り会話を短くしようと工夫したものです。

また、すぐ隣でも電話をしている人もいるので、結構小さな声で話すことを心がけていたのではないでしょうか。

ところが、携帯電話が一般化してから、みなさんが街でもどこでも、電話できるようになった代わりに、周辺に気を使うことを忘れてしまったようです。

電車の中でどんなにマナーモード切り替えへのお願いのアナウンスをしても、い

まだ呼び出し音を大音量で鳴らしている人もいます。

こういう時には、「最近の若者は」というのでしょうが、呼び出し音を大きく鳴らしているのも、大声で話している人にも、世代差はないようです。

日本人は「恥の文化」を持つと言われてきました。恥ずかしいことは人前ではしなかったのです。

語学を学ぶときには足かせになっている部分もありますが、「公共の場」というものを考えると、こと携帯電話に関しては「恥の文化」を持ち続けて欲しいものですね。

電話の内容がプライベートなら、プライベートを他人の前でさらけ出していることになりますし、仕事の話なら極秘事項もあるかもしれません。

少なくとも、電車などの公共の交通機関やエレベーターなどの密閉された空間では、電話で話をするのは止めたいものです。

留守番電話機能もついていますので、すぐに折り返し電話できるはずです。

もしも、どうしても受けなければならない電話だとしたら、出ることはやむを得ないかもしれません。ただし、その場合も「五分以内に折り返します」などと伝えて、すぐに切りましょう。

電車だったら次の駅で降りればいいですし、それが無理なら電話できる時間を相手に伝えればいいだけです。

本当に今すぐ、という要件は意外と少ないはずです。ほんの数年前までは、携帯電話なんてない環境で、普通に生活していたのですから。

携帯電話を使うなと言っているのではありません。時と使う場所をわきまえて、極力マナーを守って利用することが社会人として常識なのです。

折り返し電話をすることは難しくありません。

どこでも大声で長々と話している人って格好悪いし、バカに見えませんか？　身内や友人にそんな人がいたら、私は恥ずかしくていっしょにいられません。

60 手帳をフル活用する

手帳をフル活用できない人は、社会人として失格であることに気づいていない人。手帳を独自の方法でフル活用できることは、「できる社員」の最低条件だ

社会人として立派な人に共通点がいくつかあります。その一つは、手帳をフル活用していることです。それも、皆さん独自の手帳術を確立しているのです。

毎年、年末年始になると手帳を買おうとする人たちで、デパートや文房具店の手帳売り場は、混み合います。

よくよく観察していると、ほとんどがどうやら自分に合っている手帳を買おうと思って来ているのではないようです。むしろ優れた手帳を見つけ、そのまま活用するため自分をその手帳に合わせるつもりなのです。

私も独立するまでは、同じことをしていました。

ところが、ある時気づきました。売られている手帳のほとんどは、余計な欄や情報が多いのです。そして、実際に一番必要なスケジュール欄やメモ欄のスペースが十分にとられていないのです。

特に毎日のスケジュール欄があれば、その他の欄、たとえば年間スケジュール欄や月間スケジュール欄も使う必要がなくなります。スケジュール管理は一箇所（毎日のスケジュール欄）で十分ですし、その方が管理しやすいのです。複数箇所あれば、かえって記入漏れやダブルブッキングなどミスや混乱の元となります。

私も市販の手帳を使っていますが、日々のスケジュール欄やメモ欄だけ使っています。最初から、他の欄はいらないことがわかっていますので、無視してメモ欄として使っています。

手帳のメモ欄以外に、手帳サイズのメモ帳を使う人をよく見ます。手帳に書くとじきに書くスペースがなくなると思っているからです。

ところが、実際は違います。新聞記者など特種な職業についている人以外は、一年間手帳にメモし続けても、書くスペースがなくなることはまずありません。スケジュール欄以外すべてメモ欄として使えばいいのです。

私は十年以上毎年手帳のスケジュール欄以外のスペースを、メモ欄として使って書きまくってきました。が、年末までにすべてのメモ欄が埋まったことは一度もありません。

経営コンサルタントという仕事柄、かなりのメモ魔です。そんな私でも、一年間手帳にメモし続けても、全てのページが埋まることはないのです。ですから、心配せずにがんがん手帳にメモしてください。

ポイントは、どんな形式の手帳を使うことになっても、手帳の機能に自分を合わせる必要はないということです。

メーカーの都合で勝手に作った枠や欄を無視して、自分の使いたいように手帳を使えばいいのです。つまり自分独自の便利な手帳術を発案し、実践していけばいいのです。それが真に手帳をフル活用するということになります。

61 本・雑誌・新聞などの出版物を読みまくる

社会人として立派な人は、本・雑誌・新聞などの出版物を読む癖をつけている。だから、仕事もできるようになる

社会人として一人前でない人は、例外なく本・雑誌・新聞などの出版物を読んでいません。その重要性が理解できていないのですから。

これら出版物を読まない人は、情報や知識も得られないから無知のままです。そして、問題意識も持ってないため、社会人として失格のままなのです。

今起こっている世の中のことも知ろうとしないで、どうして社会性のある立派な社会人になれるのでしょう。

そんなことですから、一般の社会人以上の知識や能力が要求される「できる社員」には、まずなれません。

本・雑誌・新聞などの出版物を読むことは、情報や知識を増やすのみならず、思考や問題発掘・解決能力を高めてくれるものです。

ですから、社会人として、また社員としての能力を高める手っ取り早い方法は、

本・雑誌・新聞など出版物を読みまくることなのです。

嘘だと思ったら、今日から最低三か月間、本・雑誌・新聞などの出版物を読みまくってみてください。私もそうでしたが、間違いなくさまざまなことに興味が出てきて、さらに広く学びたくなります。結果として、勉強や仕事へのやる気もどんどん出てきて、勝ち組のサイクルにはまっていくのです。

これは、多くの私の友人たちにも何度も試してもらい、成果があったことなのです。

普段から活字に親しんでいると、理論的な知識も得られるうえ、もっと現実・真理・本質を知りたくなるものです。

読んで知識を得れば得るほど、確かめたい情報が増えるのです。確かめたいと思えたらしめたものです。

なぜなら、得た情報や知識を確かめたいということは、その情報に興味があることを示しています。興味がなければどうでもいいこととなり、得た情報以外の情報をさらにほしいとも思いません。

これまで私は、本・雑誌・新聞などの出版物を読みまくってきたことで、経営者や経営コンサルタントとしての仕事に関する情報や知識を大量に得ることができました。そして、その情報や知識に助けられて、夢や目標もより具体化できたのです。

強調したいのは、情報や知識を得れば得るほど、世の中のことや仕事への興味は深まり、現実を直視し、人間として成長していけるということなのです。

第5章　「できる社員」になるコミュニケーション術

誠心誠意の真剣なコミュニケーションが
すべての難局を打開する。
コミュニケーションの達人は
人間関係の達人。

人間関係の達人は
仕事の達人。
たった一言で、人を本気にさせるからだ。

直太

浜口直太

62 頼まれたらすぐやる

「できる社員」は絶えず忙しいので、頼まれたらすぐやる。後になればなるほどできなくなる可能性が高くなることを知っているからだ

「山田君、先週頼んだ、木村商事の木村社長とのアポどうなった？」

「あ！　あれはですね……翌日木村社長に電話したら留守でしたので、一応電話があったことを秘書に伝えてもらうことにしました」

「え！　じゃあ、その後何もフォローしていないの？」

「いえ、また電話したのですが、その時もいらっしゃらなかったので……」

「じゃあ、まだアポが入ってないということだな！」

「はい、こんな調子だとアポ入れるのにかなり時間がかかると思いますが……」

「ちょっと待て！　私が君に頼んだ時は、木村社長と電話で話した直後だったんだぞ！　なんであの時すぐに秘書に電話してアポ入れなかったんだ？　あの時すぐに電話していれば、一発でアポが入っていたはずだ！」

「すみません、そんなにお急ぎだとは思いませんでしたので……」

「普段から言ってるだろう。お客様とのアポは何よりも最優先だと。今まで、何を

聞いてたんだ？　もう、いい！　君にはもう頼まん！　これからは、何でもすぐやってくれる鈴木君に頼むようにするから」

「いや課長、次から気をつけますので……」

　この場合、山田君にはもう次のチャンスはないでしょう。似たようなことは、本当によく起こることだと思います。

　昔から「急ぐ仕事を頼む場合、一番忙しい人に頼め」というルールがあります。忙しい人は、次から次へと仕事が入ってきますので、頼まれたらすぐにやるからです。

　一方、暇な人や仕事のできない人は、行動が遅いうえ、時間があるので後でやろうとします。

　しかし、後になれば忘れるか、他の急ぎの仕事が入ってきてさらに後回しにします。結果的には、やるチャンスを逸してしまうのです。

　私も職場では戦争のような毎日を過ごしていますので、頼まれたら本人の目の前で電話し、必要なアレンジをするよう心がけています。

もし、その場でアレンジできなかった場合、後でも必ず実行されるよう秘書に委託したり、確認するなどの手を打ちます。

頼まれたことを結果的にやらなかった場合、今まで積み上げてきた信用をすべて失ってしまうことを肝に銘じるべきでしょう。

63 返事はその日のうちに

相手にも予定がある。会うスケジュールの返事はその日のうちにできるかどうかで、あなたの社会人としての評価が決まる

新しい仕事の依頼があったとします。ただし、その段階ではスケジュールの確認ができません。安請け合いはしたくないので、返事は「後ほど、ご連絡いたします」となるでしょう。

この「後ほど」がくせ者です。どれほどの後ほどなのか。いつまで待てばいいのか。

待っている身になれば、返事はできるだけ早く欲しいものです。そんなことから、常識ある社会人なら「返事はその日のうち」を自然と実践しているものです。

ただ、気配りのできない人はそれができません。

ここで、「返事」を「YES」あるいは「NO」と決め込んではいませんか？

必ず、どちらかの返事をしなければならないとするから、その日のうちに返事がしづらくなるのです。

仕事で、どうしても会わなければならない人がいました。こちらからの希望で、どうしてもその人の話を聞きたかったのです。そこで、連絡したところ「そちらの都合のいい日時をいくつかあげていただけませんか？」との返事。もちろん、複数の候補日時を伝えました。すると「スケジュールを確認してご連絡いたします」との返事でした。

ところが、候補にあげた最初の日時が来ても返事がありません。その時間は「もしかしたら、会えるかもしれないから」と空けてあります。折り返し電話がもらえる、というので、こちらから電話をするのも気が引けました。が、再度連絡すると、同じ返事でした。「これは、会う気がないな」と諦めたのです。

一方、ほかの方にアポイントを取りました。

会話の流れは、全くといっていいほど同じものでしたが、最後に一言。「この日程の候補で時間がとれるかどうか、あるいは本日中に日程を決められるか決められないか、夕方までにはご連絡いたします」と付け加えられたのです。

そうなると、取りあえず待っている時間はその日の夕方までになります。次の日になれば、また違った予定を組むことも可能なのです。

このように、返事をその日のうちに、というのは、「何らかのアクションをその日のうちにする」ということです。

「本日はきちんとした回答はできません。明日まで待ってください」というのも、返事の一つなのです。

待っている人の身になれば、簡単にわかることなのですが、そこに気づくか気づかないかで、あなたの印象は大きく左右されるのです。気をつけたいものです。

64 皆で決めたことは、たとえ反対でも全力で手伝う

皆で決めたことに素直に従ったり手伝えない人は、誰からも信頼されないし、意見も聞いてもらえない

「僕は元々そのことに反対だったから、協力できないよ……」

「私もAさんがどうしてもやりたいって言うから一応賛成したけど、今でもよくわからないから何もできないわ……」

せっかく皆で話し合ってやることに決めたのに、こんなことを言う人が会社や組織の中にいませんか?

こんなことを言うのは卑怯《ひきょう》です。多数決でも一度関係者皆で話し合い、決めたことですから、全力でサポートすべきなのです。それが社会人としてのマナーでもあります。

組織内で話し合い、何かを決めた時、全員が文句なしに賛成し全会一致で決まることなどまずありません。誰かが強く反対したり、延々と議論し時間切れで多数決をし、小差で賛否が決まることのほうが普通でしょう。それが、現実的であり民主

主義の論理です。

話し合いで決まらなければ多数決で決めることは、民主主義社会の健全なルールであり常識でもあります。そして、決まったら反対した人も、棄権した人も、中立だった人も全員で文句を言わずに全力で支援するのも会社や組織のルールです。

それができない人は、組織から去るべきです。組織の雰囲気や団結を崩すので、組織にとって邪魔でいらない存在になるからです。一度みんなで決めたことに従えない人は、その時のみならず、毎回同じような状況で従えない人です。ある種の我《わが》儘《まま》で自己中心的な人ですから。

いくら反対したからといって、みんなで決めたことが間違いで、あなたの言っていることが正しいのでしょうか？

とにかく全力でまずやってみないとわからないのです。したがって、みんなで決めたら文句を言わず、とりあえず全力でやってみましょう！

私が以前米国で勤めていた大手国際会計・経営コンサルティング会社での国際部門では、皆さん仕事はできましたが、年齢、性別、出身国、経験、知識、性格、大学・大学院での専攻、前職など、すべてにおいてかなり違っていました。所謂《いわゆる》「動物園」状態で、「これだけ違う人たちがよくまあ同じ組織に集まったなあ……」と会議をする度に参加者の顔を見ながら感心していました。

その中でも最年少ということもあり、特に私は異色で浮いていたのかもしれません。

しかし、組織の団結力と生産性は抜群で、いつも侃々諤々《かんかんがくがく》と議論するのですが、決めたことには、その後全員一〇〇%従い全力でサポートしていました。

65 評論や批判する暇があれば自分を磨く

評論や批判ばかりする人は、自ら敗北者になりつつあることに気づかない愚かな人

いまや「一億総評論家」時代です。

芸能はもとより政治や経済に関しても誰もが評論や批判をしています。もちろん、その対象は社会的な話題に限ったことではありません。

ビジネス街のランチタイムのレストランで、あるいは終業後の居酒屋で、会社の経営方針から上司に対する評論や批判を行っている場面に出くわすことはよくあります。

少し前までは、アルコールの入った席で日頃の鬱憤《うっぷん》を晴らすというものが主流でした。所謂「愚痴」ですね。

いまは愚痴なんてかわいいものではなく、痛烈な非難・中傷に変わりつつあります。

しかし、人のことを評論や批判をしている時間があったら、自分を顧みるほう

が、自分の成長のためになることに気づいて欲しいのです。

評論や批判は自分を主体として他人に向けて行いますね。自分は蚊帳《かや》の外か、自分は常に正しいという立脚点です。そこには、自分が成長できる材料はまったくありません。

もしも、評論・批判をしたいのなら、「自分はああいったことはせず、具体的に○○○をする」という反面教師としての捉え方をしないと、自分のためにはなりません。

そんな人と話をしている時間があるのなら、自分を磨くほうがよほど有意義です。

何も、終業後に学校に通いなさいと言っているのではありません。

好きな本を読む、好きな劇や音楽を観賞しに行く、また、趣味のサークルに参加する等々。それでも十分に自分を磨くことができます。

もちろん、帰宅途中で語学を習いに行くのも、ビジネス・スクールに通うのもいいと思います。

同僚といっしょにいることが全て悪いわけでもありません。それも、自分を磨く手がかりになることだって十分あります。

その時には、単に他人の評論や批判をするのではなく、同僚の仕事の進め方や学生時代の体験など、自分と違った経験を語り合い学び合うだけでも、自分を磨く材料になります。

全ての時間を自分磨きに使おうといっているのでもないのです。

「とにかく学ぼう、自分を磨こう！」という気持ちが大事なのです。そのように意識しないとなかなか人間的に成長できるものではありません。

日頃から、「自分を高める」「自分を磨く」という意識を努力して持ち続けることがポイントです。そうすれば、他人のことを評論している時間がいかに無駄なことかに気がつくはずです。そんなことをしている人が哀れにさえ思えてきます。

どこに行くにも何をしていても、自分を磨く言動が立派な社会人としての基本であり、実は成功の元となるのです。

66 出会いを大切に

成功者は皆、一人ひとりとの出会いを大切にしてきたから、成功できたのだ

日本の人口は、お年寄りから生まれたばかりの赤ちゃんまで数えると、一億人以上になります。八十歳まで生きるとして、生まれた瞬間から年間二十人の新たな人に出会い続けたとしても、一六〇〇人にしかなりません。月に二十人出会ったとしても、一万九二〇〇人です。それほど、人と出会うということは貴重なのです。

年間二十人で人生で一六〇〇人。出会った一人の人は一六〇〇分の一ですが、人口からみると一億分の一でもあるのです。

それほどの確率でせっかく出会ったのですから、そのままにしておくのはもったいないですね。

仕事で多くの人に出会うとしても、生涯で一六〇〇人はかなり難しい数であるでしょう。生まれた直後の出会いは、本人はわからないわけですし、会社を退職してしまうと、なかなか新たな人に出会う機会は減っていきます。

先日、ベンチャービジネスで成功した若手起業家の会に参加しました。

彼らに「なぜ成功できたのでしょう？」と伺ったところ、皆さん一同に「運がよかったから」と言いました。

じゃあ、なぜ運がよくなったのかと聞きますと、「いい人と出会えたから」とか「生涯のビジネスパートナーとの出会いがあったから」と答えてくれました。

何事においても成功に欠かせないのはいい出会いであることを、私は講演や本などで強調してきました。なぜ、いい出会いが成功に必要かといいますと、いい人がいい情報やビジネスチャンスを持って来てくれるからです。

人間、能力があっても、一人ができることは限られています。

ビル・ゲイツにしても、マイケル・デルにしても、もちろん能力があったことは、いうまでもありませんが、いい人に出会い、協力・支援してもらえたからこそ、若くして短期間で世界的な企業を創り上げ、膨大な資産も築き上げることができたのです。

人との出会いを大切にすれば、ビジネスはもちろん、人生にも大きな価値と幸運が生まれます。

その人の価値観、人生観、死生観など語り合うこともできますし、それによって自分の中に新たな考え方も生まれるのです。

せっかく出会えたのですから、自分の人生の中でも、その出会いを最高の価値あるものにしませんか！

67

会社や組織に必要な人になる

自分が勝手に自分を評価するのではなく、会社や組織から必要とされる人になれるよう、絶えず周りからの評価に耳を傾けよう

私が人生の師と仰いでいる方が言われました。

「職場には三種類の人間がいます。一人は、いてもらいたくない人。もう一人は、いてもいなくてもいい人。三人目は、いてもらいたい人です……」

それを聞いて、さまざまな職場を見渡してみました。

確かにどの組織にも三種類の人間は存在していました。そして、ふと考えたのです。

〈私は前の会社にいた時、どう見られていたのだろう?〉と。

米国を本社にする世界最大級の国際会計・経営コンサルティング会社の本社と支店で計十年勤めました。

入社して十年後に経営コンサルティング業で独立すると決めていましたので、それまでに勤めていた会社の経営のノウハウをすべてマスターしようと一生懸命でし

た。経営コンサルタントとして力がつくとわかれば、何でも挑戦してみたのです。

地元ビジネス・スクール（テキサス大学経営大学院修士・博士課程）で仕事終了後、毎日のように学んだり、同ビジネス・スクールで七年間教えたり、地元非営利組織（ＮＰＯ）や商工会議所などでリーダーを務めたり、教育・医療機関の立ち上げを役員として手伝ったり……。

お蔭様で将来成功するかどうかは別にして、なんでも挑戦する癖、大胆さ、根性などは人並み以上についたようです。友人は私のことを「雑草」「成り上がり者」「日本のフォレスト・ガンプ」などと呼びます。

そのような体験から会社や組織に必要な人は、能力、才能、経験、知識、過去の実績、受けた教育のレベルでははかれないと思います。今どれだけ会社や組織のために弱き自分に挑戦し、頑張れているかだと思います。

そして、社会人として、組織のメンバーとして、また、作業を任されたプロフェッショナルとしてどれだけ成果が出せるかで、会社や組織にとってのあなたの必要性が決まります。

組織である以上、ただのいい人、お人よしでは、いてもいなくてもいい人になってしまいます。

本当に必要とされる人になるためには、いないと困る人、つまり会社や組織に対して成果の出せる人にならなければなりません。そうなれば、どの会社や組織に行っても通用しますし、逆にそうなれなければ、どこの会社や組織に行ってもいらない人にされてしまいます。

せっかくこの世に生まれて、ほとんどの人は会社や組織に属しているわけですから、会社や組織から存在意義を評価され、感謝されるようになりたいものです。それが所謂「勝ち組」なのです。

会社や組織は、目的があって形成されています。ただのいい人集団ではないことを肝に銘じたいものです。

68 一度注意されたら二度と同じことを言われないようにする

注意されておきながら、何度も同じミスや失敗を繰り返すような素直でない人は、誰からも信用されなくなる

何度注意されても、同じミスや失敗を繰り返す人、あなたの職場にもいませんか?

その人は、とても損をしています。

何度言っても直らないということは、言われていることを真剣に聞いていない、また受け入れていないということだからです。

普通、尊敬できない人から何かを言われても、素直に聞く耳は持てませんよね。あなたの会社でも同じことがいえます。つまり、場所は関係ないのです。

要するに、注意してくれた人を尊敬していないから、何度言われても同じ失敗を繰り返すわけです。

もし、あなたが上司から注意されたミスや失敗を繰り返すとすれば、注意してくれた上司からすれば、あなたは「上司を尊敬どころか、無視している人だ」と判断

されてしまいます。

たとえば、注意してくれた人が、あなたの恋人だったらどうでしょうか？

「今日の君の服装、ちょっと似合っていないよ」「君の香水、キツ過ぎるよね」

あなたは、「しまった！」と思って、二度と同じ服は着ないだろうし、二度とその香水はつけないでしょう。

好きな人に言われたことは、絶対に繰り返さないはずです。それはもちろん嫌われたくないからです。

会社で同じミスや失敗を繰り返すということは、上司に嫌われることを何とも思っていないということであり、上司に信頼されて、将来を嘱望されることを拒否していることにもなるのです。

あなたの会社が、サービス業であった場合は、最悪の結果を招くでしょう。

お客様相手の仕事において、同じことで注意を繰り返されるということは、つまり大事なことにも即座に対応できないということの証明なのです。致命的です！

本来ならば、言われなくてもお客様の立場に立って、何を望んでいるかを察し的確なサービスをするのが当然なのですから。

上司に嫌われる前に、お客様に去られてしまうでしょう。

また、何度言っても変わらない人は、そのうち周りの人が、何も言わなくなります。

言われなくなることは楽かもしれませんが、それが得か損かは、よく考えてみればわかりますよね。見放されているのですから。

取り返しがつかなくなる前に、一度注意されたことは即座に直すようにしましょう。

大事なことは、自分なりに工夫・努力して、相手が繰り返さなくてすむよう習慣化させることです。

69 いつも前向きな言動を

前向きな言動をすることは、社会人として基本中の基本。できなければ、人生の敗者となる

悪いニュースを聞いて、同じ人間なのにどうしてこんなに受け止め方が違うのだろうと驚かされます。

特に自分にとって最悪の情報を得た時に、どう思い、どういう言動をとるかでその人の人間としての器が測れます。

どちらかというと、他人の力を当てにして生きる「他力本願」型の人は、自分にとって悪いニュースを聞くと動揺し、怒り、嘆き、落ち込みます。

「なんでよりによって自分にこんな不幸なことが起きなければならないの？　この世に神様・仏様はいないの！」と恨みます。

ところが、すべて自分が起こした結果で責任は自分にあると考える「自力本願」型の人は、悪いニュースを聞いても受け取り方が大きく違います。

「ほらほら来たぞ！　すべては自分がしたことが原因で結果となって現れているか

ら、まず逃げずに真っ向から対応・解決し、これからはよくなる原因を作っていくぞ！」

このように極めてポジティブに解釈・対処します。

この受け止め方や気持ち、さらに対応の仕方の違いは、生まれ育った環境にかなり影響を受けているのです。

ですから、いきなり「前向きな言動をしろ！」と言われても、簡単に変わることはできません。

世の中でできると言われている人は、「自力本願」型の人間なのです。つまり、環境や結果に一喜一憂せず、「失敗も成功の元」としてポジティブにとらえ、さらに大きく成長していく人です。

顧問先企業の社員で、自分ではまったく仕事で成果を出せないのに、他人や他社の評論や批判ばかりしている人がいました。彼は、自分によいことが起こると有頂天になり、悪いことが起こると環境や他人の責任にする非常に卑怯な人でした。

その前にいた大手企業でも、そのような態度が問題視され結果的には実質クビになったのです。そのことも彼は前の上司の責任にし、絶えず文句を言っていました。結局彼は、自分の意思で会社から去っていったのですが、新たに勤めた先でも同じようなことを繰り返し、クビになってしまいました。その後、同様のことを繰り返し、結局三年間で六社も会社を転々とし、今はフリーターをしているそうです。

長いようで短い人生。どうせ生きるなら外部環境に振り回されることなく、自ら主導権を握って前向きに生きたいものです。

できる人はそもそも忙しくて、他人や他社の評論や批判などしている暇がありません。どんな時でも、前向きに生きていれば、上司や先輩は、間違いなくあなたのことを感謝・評価してくれます。気がついたら、人生の勝利者になっていることでしょう。

70 いかなるときでも言い訳はしない

言い訳をすればするほど、あなたの評価は下がる

私が大嫌いなことの一つに「言い訳」があります。言い訳をしないで生きていくのは、たしかに難しいことです。反対に、言い訳をすることは、実に簡単なことです。

約束した時間に遅れた場合、あなたはどうしますか？
また、仕事上でミスや失敗をした場合はどうでしょう？
言い訳を考えるのは、難しくないですよね。

相手には、あなたの行動を全て把握することはできないので、いくらでも理由を創作できるのです。

本当は寝坊しただけなのに、自分の非を知られたくないために子供が急病になって病院に連れていったと言うこともできます。

仕事の失敗も、ちょっと考えれば、いくらでも理由が見つかるでしょう。

言い訳とは、実に「自分のミスや失敗を隠し、自己正当化するための悪知恵」なのです。だからそこには、その人の人生に対する卑怯な姿勢が見て取れるので、私は言い訳をする人を信用する気にはなれません。

言い訳をしないということは、自分の行動にいつも責任を持てるということであり、これこそが真の大人として、社会人として心がけるべき姿勢ではないでしょうか。

しかし、残念なことに、社会では言い訳をしない人に出会うことのほうが難しいかもしれません。

一方、ミスや失敗をしたら言い訳をせずに謝ればいい、それで許されるという安易な姿勢も考えものです。

では、どうすればいいのでしょう?

それには、言い訳が必要なミスや失敗は、しないようにするしかありません。

つまりあなたが責任を取れないようなミスや失敗はしないと決めて、最大限の注意と努力をすることです。

確かに人生はミスや失敗の連続です。

事実、私も今までミスや失敗の繰り返しで生きてきました。世界の一流の人たちにも、ミスや失敗が転じて成功した例がたくさんあります。

つまり、成功につながるミスや失敗は大いに結構なのです。

しかし、他人に心配や迷惑がかかる失敗、言い訳を必要とする不注意によるミスはしないことです。そして、一度したミスや失敗は二度と繰り返さないこと。

これは、常に「心がける」ことでかなり実行できます。

言い訳によって信用をなくす人生か、大変でも、日頃の心がけで言い訳をしなくて済む人生にするか、どちらが得かは、あなたの判断次第です。

それでも万が一、ミスや失敗をしてしまった場合、すぐに認め謝り、誠心誠意対応していくべきでしょう。

71 定期的な「自分棚卸」をする

定期的な「自分棚卸」をする人は、人間としてどんどん成長する

できる人の共通点の一つに、自分のことをよく知っていることが挙げられます。つまり、自分の長所・短所をよく摑んでいます。

なぜ長所・短所を把握しているかといえば、定期的に「自分棚卸」をしているからです。

「自分棚卸」とは、自分の長所・短所や人脈など目に見えない正・負の人間としての資産・資質を正確に認識することです。

できる人は自分の長所・短所を正確に摑むことで、確実に長所を伸ばし、短所をなくそうと努力します。

成果を出すためには、短所をどれだけ克服できるかにかかっています。

長所はほうっておいても、まわりの人から評価され、少し努力するだけでさらに伸びていくものです。

しかし、短所は皆から厭《いや》がられているのに、意外と自分では気づかないものです。心して「自分棚卸」をしないとわかりません。

また、わかったとしても、なかなかよくなりません。長年の悪い癖や習性でもあるので、そうは簡単によくなりません。

正確な「自分棚卸」をするためには、家族を含め身近な人に長所・短所を指摘してもらったら効果覿面《てきめん》です。

恐ろしいのは、皆が短所だと思って迷惑しているのにもかかわらず、当の本人は長所だと勘違いし、直すどころか、どんどん全面的に押し出すことです。

ですから、「自分棚卸」作業で最も大事なのは、自分が自分のことをどう評価するかではなく、他人からどう見られているかということを正確に謙虚に把握することです。

伸びる人、できる人はその辺が徹底しています。

松下電器産業をゼロから立ち上げ、世界的な企業に育てた「経営の神様」と言われる松下幸之助氏は、いくつになっても、「自分棚卸」を実行していたそうです。

ですので、お会いした際、「もし、ご自身で改める点があるとすればなんでしょうか？」との私の質問に、「もっと素直になること」という驚くべき返事をされたのです。

立身出世のお手本のような人で、若い頃より大変な苦労をされたことから、「人間主義経営」で知られる松下氏が、本気でご自身がもっと素直にならなければならないと思われていたのです。

松下氏をよく知る人たちから聞いたのですが、彼ほど素直なリーダーには会ったことがないそうです。

72 わからないことはその場で聞こう

いつの時代も世の中はどんどん変わり続けることから、いくつになってもわからないことだらけ。だから、わからないことはどんどんその場で聞かなければ、時代についていけなくなる

「聞くは一時の恥、聞かぬは一生の恥」

昔から、よく言われる言葉です。

この言葉を初めて聞いたのは、小学校五年生の時でした。担任の先生が口癖にしていたのです。当時、なんで聞かないと一生の恥になるのかわかりませんでした。しかし、社会人になってからは、この言葉の重みを毎日のように、痛感するようになったのです。

わからないのに面倒くさくて聞かなかったり、聞くのが恥ずかしくて知ったかぶりしたため、何度もミスや失敗を犯していました。

経験している方も多いと思いますが、真剣に学ぼうとすればするほど、わからないことがどんどん出てきます。新しいことを学ぼうとしているのですから、わからないのは当たり前なのです。

逆に学ぶ気持ちがなければ、わからないことが何であるのかすら気づかないのです。

ですので、わからないことが出てくること自体、またそれを知ろうとすることは、やる気の現れですから、いいことだといえます。

大事なことは、できるだけ早くわかるようにすることです。わかるようにするには、調べることもいいですが、効率面から考えて、聞いたほうがいいでしょう。それもその場で。

今では私は、わからないことがあれば、失礼になったり、邪魔にならなければ、その場で聞くようにしています。

相手が若くても、目下の人でも、謙虚に教わろうとします。

いつの時代も、若い人は新しいことに敏感です。したがって、年配者よりも若い人のほうが、新しい発想・考え方・システム・コンセプトなどをよく学び、知っています。

ですから、どんどん若い人にも教えてもらうべきです。特に最新技術に関しては、若い人でなければ、理解できないことも多いものです。

大手国際会計・経営コンサルティング会社に新卒で入社して約一年後、クライアント先を訪問していた時のことです。打ち合わせ相手である本部長さんから突然ある最新の経営管理システムのことを質問されました。

「浜口先生、プロだから相当知識がおありになると思いますが、『XXX』という新しいシステムがありますよね。弊社で今そのシステムの導入を考えているので、ちょっと教えてもらえますか？」

正直言って、そのシステムは全然知りませんでした。初耳です！

しかし、経営管理システムなら、何でも知っているはずのコンサルティング会社のプロフェッショナルということになっていましたから、とても知りませんとは言えません。

ですから苦し紛れに言いました。

「あー、あの最新の『XXX』ですね。私も今勉強しているところです」

勉強中ということで、なんとか上手く逃げようとしたのですが、その直後悲劇が。

「今勉強されているのですか。それは丁度いい！　それでは、今担当部署のメンバー十五人を呼びますから、既に勉強されたことだけでもいいですので、一時間程度講義してください。ぜひお願いします」

「え！　今ですか？　はあ……」

「はい、そうです。浜口先生なら朝飯前ですよね！　お願いします」

私は困り果てました。既に今日は時間があるので、何でも相談に乗りますと伝えていたのです。時間がないからできないという理由はもう通りません。

どんどん脂汗が出てきて止まらなくなりました。胃もキリキリしてきて、葛藤していると、ダメ押しの言葉が。

「そんなに硬く考えないでください。講義といっても、社内メンバーだけですし。彼らにもそろそろ本格的な勉強を始めてもらいたいので。先生なら簡単でしょう。こういう無理なお願いもできることもあって、高額の顧問料を毎月お支払いしているのですから」

〈高額の顧問料！〉高額になったのは、依頼されたコンサルティング・プロジェクトが、大変時間がかかるからで、結果的には格安でした。

その殺し文句が出たなら、とにかく何が何でもやらなければなりません。でも、そのシステムについて、教えることなど、何もないのです。そもそもまったく知らないわけですから。こちらから聞きたいくらいです。

そんなことを考えたら、段々気分が悪くなって、吐き気がしてきました。顔色も真っ青です。

そして、私は一言。

「申し訳ありませんが、今は体調が悪いので、その講義は次回にさせていただいてよろしいでしょうか？　次回は必ずやりますので」

嘘から出た誠とでもいうのでしょうか。本当にどんどん体調が悪くなっていき、最後は座っているだけでも辛く感じられるようになりました。なんとかその本部長さんには納得してもらい、次回に講義することになりました。

この悪夢のような経験から、その後わからないことがあれば、恥ずかしがっていないで、すぐにその場で聞くことを習慣化し始めました。

73 聞く前にまず自分で答えを出してみる癖を

聞く前にまず自分で考える癖をつけない人は、いつまで経っても一人前の社会人にはなれない

さまざまなところで奨励しています。

「わからないことがあったら、とにかく質問しよう！」と。

しかし、聞く前にまず自分で答えを出す癖をつけなければ社会人として失格です。

まったくわからないのに聞かないのも困りますが、考えもしないで答えを最初から聞くのは「私はバカです」と言っているようなものです。

「わからない」という状況には、二種類あると思います

一つは、「どんなに考えても答えが出てこない」状態。もう一つが「話を聞いた直後の今わからない」です。

自分が質問される立場だと考えてみましょう。

何か仕事上の指示を出した途端、すぐに質問されたらどう思いますか？

「まず自分で考えろ！」って思いますよね！

質問には仕方があります。

まずは、間違えてもいいから自分で考えてみます。もちろん、考えの過程も明らかにしていきます。そして、とりあえず答えを出した時、上司に、「これはこれこれ、こういうことで、こうすればいいのですか？」などと、自分なりの答えが何をどう考えて導かれたかがわかるよう説明し、そのうえで答えに自信がないということで質問をすればいいのです。

質問をするということは、ただ「今わからないのですぐに聞く」ということではないし、そんなことで簡単に質問をしてはいけません。

まずはしっかり自分なりに考えて導き出した答え、あるいは考えても導き出せなかった経緯を明らかにしたうえで、初めて問うのです。

新入社員時代、非常に忙しい上司についた私は、まったくわからなければ質問はしましたが、その前に徹底的に調べました。ただでさえ、頭が悪いことで上司に迷惑をかけていましたので、自分で調べられることはまずやり、上司の時間と手間をとらせないように努力しました。

どんなことでも、質問する前に立ち止まって自分で考える習慣をつけましょう！　自分で考えて出した答えは、間違えていたとしても無駄にはならないのです。答えの正誤よりも、その考える過程や習慣がもっと大事です。なぜなら、考え方や過程が正しければ、次からはその問題に関しては、正しい答えを導き出せる可能性が高くなるのです。でも、たまたま答えが合ってしまった場合、考え方や過程が正しくなければ、次回からまた同じ問題で行き詰まるでしょう。

何でもまず人に答えを聞くのではなく、自分で考える癖をつければ、創造力や問題解決力が飛躍的に伸びるでしょう。

ビジネスにおいて、答えは必ずしも一つではなく、複数あることはよくあります。

したがって、自分なりの思考過程で答えを見つけ、自分なりの方法で実行することも、一人前の社会人としては必要なことなのです。

74 どんな時でも嫌な顔はしないようにする

何かあるとすぐに嫌な顔をする人は、どこに行っても誰からも相手にされなくなる

当たり前のことですが、会社での仕事には、予想外のことがつきものです。いつも決められた仕事をやっていればいいというものでもなく、自分のリズムでやっていればいいというものでもありません。

また、仕事というものは、自分の頑張りに応じた結果が必ず出るとも限りません。

今日やり終えなければならない仕事に懸命に取り組んでいる時に、突然上司から、別の仕事を頼まれることはよくあります。それも「急ぎでやってくれ！」とのコメント付きで。

もしくは、自分では満足のいく結果が出せたと思っている仕事に対して、上司から厳しい評価が下ることもあるでしょうし、時には、四苦八苦して仕上げた仕事に対して、簡単にやり直しを命じられることも。

そんな時、あなたはどういう反応をするでしょうか？

大抵の場合、上司に対する不満の色を、顔に出してしまうのではないでしょうか。

〈なぜこの仕事を私がしなければならないの？〉

〈え？　これ以上の結果は、俺には出せないよ！〉

〈一生懸命にやったのにやり直しだなんて、全く意地悪な上司だな〉等々……。

しかし、気をつけなければいけません。この一瞬のあなたの反応を、上司はじっと見ています。

信頼して仕事を任すことができる部下なのか、それとも感情的なことから心配で、何も頼めない部下なのか。それによって、あなたの今後の処遇まで決まってしまうのです。

私が考える、上司に好かれる部下とは、まずどんな仕事を頼んでも「はい、喜んで！」と受けてくれる人。次に叱ってもへこたれない人、そして状況に応じて態度を変えない人なのです。

私の会社でも、毎日社員それぞれが忙しく担当の仕事を処理していくなかで、どうしても突然入ってくる仕事があります。誰にお願いしようかと思った時に、やはり何でもいつでも素直に受けてくれる人に、自然にお願いすることとなります。Aさんなら、嫌がらずに受けてくれるだろうという安心感があるし、失敗しても前向きにやり直してくれるという信頼感があるからです。

このAさんのように何でも喜んで受けてくれる人なら、仕事の結果も当然満足のいくものとなるので、評価も上がり、昇給・昇進にもつながっていくのです。

心で葛藤しても、嫌な顔一つ見せないこと。これは、一人前の社会人、さらには「できる社員」の必須条件だと言えます。

75 意見や提案に反対する時は、明確な反対理由と代替案を出そう

正当かつ明確な理由もなしに、意見や提案に反対する人は社会人として相手にされなくなる

会議や上司の指示、同僚との会話などのなかで、意見の相違や結論の違い、あるいは全く理解できないことなどに出くわすことがよくあるでしょう。その時には、闇雲に反対するのではなく、筋の通った反対理由が必要となります。

たとえば、誰かが一か月かけて考えた提案を、綿密で詳細な資料とともに提出したと仮定します。上司へのプレゼンテーションの練習もしました。台詞も熟考して印象に残る言葉を使っています。会議の参加者に配る書類の誤字脱字のチェックもし、カラーで印刷。この企画に賭ける気持ちもしっかりと表現しました。一見完璧です。

プレゼンテーションも終わり、会議参加者も資料を読みながらペンを走らせている状態の時に、ある人が一言。

「これ、何となく駄目な気がする」と口走ったらどう思いますか？

まず「なぜ駄目だと思うのでしょうか？」と提案者は聞くでしょう。すると相手

は「いや、だから何となく」と答えたらどう感じるでしょうか?

会議とは不思議なもので、何気ない一つの発言で流れが一気に変わってしまうものです。何となく、というのはわからないでもありません。きっと、インパクトに欠けるとか、新しいものが見えてこないとかで、言葉にならない何かが欠けているということなのでしょう。

しかし、言われた本人にしてみれば、「そんなの理由にならないよ!」と不満爆発ですよね。

ですから、提案などに反対を唱える場合は、可能な限り具体的にどこがどう自分とは意見が違うのか、反対の理由を明確にする必要があるのです。

そうすれば、単にあげ足をとっているのではないことの証明にもなります。そして、回答者も感情的になることもなく対応でき、会議が有意義なものとなります。

単純に説明し忘れていたり、書類に書き忘れていただけの場合、反対意見に対する回答を明確に出し、会議も引き続き前向きに進められます。

また、時間が経ってから反対意見を出す場合には、代替案を考えて一緒に提案すると、より効果的です。比較検討するものがあるほうが、より具体的で前向きになれるからです。

仕事では、具体性が重視されます。「イメージ」という言葉が多用される昨今ですが、イメージを具体化していくのがビジネスです。

自分の心無い一言で、大事な会議の流れを大きく変えてしまう可能性があることを心して、もし反対する場合は、合理的で明確な理由と代替案を出すのが社会人としてのマナーです。

76 間違えたら謙虚に認め謝る

社会人として最低の間違いは、どんな理由であれ、犯してしまった間違いを認めず謝らないことだ

人は必ず間違いを犯します。間違いにさらに間違いを重ね、間違いを犯し続けてしまうことが多いのも人です。

一番犯しやすい間違いは、「間違いを認めない」という間違いといってもいいでしょう。小さなミスでも、決して認めたがらないという人が少なからずいます。刑事事件になるような大げさなものではなく、日常の些細なことです。

ちょっと「ごめんなさい」「失礼しました」と言えば、お互い気持ちよくなれるはずのものに対しても、認めない場面によく遭遇します。

「欧米では、自分から絶対に謝ってはいけない。そんなことをしたら、裁判沙汰になった時、負けてしまうから」

とのことで、自分のミスを認めない人がいました。

この話も間違いです。

まず、「間違いを犯した事実」を認めないという間違い。それと、欧米では絶対に謝らないという間違い。これは、交通事故などのケースに多いことでしょう。

欧米が訴訟王国であるため、その手の話は代理人がくるまで口を開かないほうがいいという特殊なケースのことを指しているだけなのです。ですから、全てにおいて欧米人は間違いを認めないということはありません。

そもそも、ここは日本で相手は日本人です。ここも間違えているポイントですね。

米国でも私のアメリカ人の友人たちは、日常の生活の中では間違いをすぐに認め謝罪していました。

ある時、私が車のドアの前で背を向けて電話をかけていたら、急にドアを開けて私にぶつかったのです。すると「ソーリー」とすぐに言って謝ってくれました。「ケガはありませんか？」と気遣うことまでしてくれたのです。

ここで謝ってもらえなければ、きっと嫌な思いをさせられたことでしょう。友人としての人間関係にも大きく影響してくるのです。

仕事上のミスでも同じです。

間違えたらまず謙虚に認めましょう！

間違いが事実であれば、まず認めること。言い訳の機会が与えられたら、そこで説明すればいいのです。

どんな理由で間違えてしまったのか、人に指摘されて初めて間違いを発見した場合には、その理由を指摘されなければ考えなかったといえます。

間違いを認めることで、間違いという過ちを重ねなくても済むのです。

人間は完璧ではありませんから、必ずどこかで間違えます。

気がついたら、指摘された時、すぐに認め謝る器の大きさが社会人として必要です。そして、その誠実な態度が、ビジネスでも長期的に成功できる要因になります。

77 気配りの達人に

頭が悪くても気配りがちゃんとできれは、「できる社員」と見なされる

頭がいいだけでは「できる人」とはいえません。

なぜなら、頭がいい人はエリートですから、小さい頃から頭がいいことでまわりの人たちにちやほやされてきました。ですので、人から評価されるうえで大事なポイントとなる「気配り」の大事さも学べず、身に付けずにきてしまった人がほとんどだからです。

したがって、頭がいいだけの人はかわいそうな人です。

せっかく勉強で頑張ってきたのに、会社や組織に入っても、評価されないからです。

一番理想的なリーダーは、頭がよくて、気配りができる人格者です。もっとも両方を持ち合わせた人はそうはいません。

私は小さい頃から「頭悪いね！」とか「バカなの？」とよく言われてきました。

「頭いいね」と言われたことは、生まれてよりこのかた一度もありません。昔から自分ぐらい頭が悪い人にはめったに会ったことはありませんでした。基本的には「自分以外皆私より頭がいい」ということを嫌というほど思い知らされてきました。

ところが、英語が「超」苦手だったのに、十万人以上のプロフェッショナルを有する世界最大級の国際会計・経営コンサルティング会社のニューヨーク本社に、日本の大学を出たてで運よく就職できました。それは、まさに高校三年生の時以来の夢でした。

当時、英語もできず、専門能力もなかった私が、なぜその会社に入れたのか。まったく奇跡としかいいようがありません。

もし、少しでも評価いただけていたとしたら、その面接で最大の気配りをしたからだと思います。昔から気配り（私は「気配り力」と言いますが）は得意でしたので。

〈どうせ今回採用してもらえないことは間違いないのだから、将来、力をつけて再応募するために、明るく元気に謙虚で堂々とさわやかに応対するぞ！　この面接から学ぶぞ！〉と決めて臨みました。一種の開き直りですが、きわめて前向きな気持ちでした。

就職の面接から始まって、国際会計・経営コンサルティング会社に計十年間勤め、スピード出世させていただきました。

入社して一年でコーディネーター（係長）、一年半でマネージャー（課長）、三年でシニア・マネージャー（部長）、六年でディレクター（執行役員兼本部長）という具合です。周りの人たちがあまりの出世の早さに唖然としていました。

専門能力では最低レベルでしたので、出世できた理由は、「気配り力」だったことを痛感します。

「気配り力」、つまり、どれだけ気配りができるかは、職場で高い評価を得るカギになるのです。

78 「質問力」をつける

質問の内容で、その人が「できる社員」かどうかがわかる。話し合いを後向きにするような質問をする人は、社会人として信用を失う

最近名詞の後に「力」をつけるのが流行っているようです。我々書く側からすると非常に便利なのです。「力」をつけるだけで、その度合いのようなものを表現できるからです。

できる社員になるという観点から、その「力」の種類を考えると、質問する力、すなわち「質問力」は普段から非常に大事な能力だと思います。

というのは、ビジネスの世界では、相手も我々側も忙しいため、会議一つとっても、できればお互い単刀直入に話したいもので、その際「質問力」がカギになるのです。

相手も効率よく会議をしようとしている時、バカな質問をする人が一人でもいれば、話し合いはしらけ、ネガティブなムードになってしまいます。会議も一瞬にして停滞し、全員の時間のロスにもなります。

先日もある商談に出ていて、そこにいるのが厭になるくらいレベルの低い人がいました。

「貴社の商品は素晴らしい！　価格が合えば、ぜひ大量に購入し、弊社系列の全国の販売店に卸したいです」

「ありがとうございます。我々も大量に買っていただけるなら、これほど有り難いことはありません。値段はご希望に添えるよう、できるだけ頑張ります！」

「じゃあ、条件交渉に入りましょうか……」

「ちょっとお待ちください。おたくは、うちの商品のどこをお気に召されたのでしょうか？　全般的に競合他社のほうが質は高く、また商品のタイプによっては、他社のほうがかなり安いようですが……」

せっかく相手も買う気で値段と数量を含めた条件交渉に入ろうとした直後、会議に同席していた若手社員が、今更ながら相手に買う動機を質問したのでした。

すかさず同じ会社の社長が一喝。

「おい、C君、E社様は、もう、条件次第で購入すると言われているのだ。なぜ、ご購入の動機を今におよんで伺わなければならないのだ？　そもそもすでにご決断いただいているE社様に失礼だぞ!」

このようにピントの外れた質問をする人が、社内外の会議では必ずいます。どういうわけか、有名大学出身者に多いのです。

日本の偏差値教育の観点からすれば、頭はいいのだと思います。が、ビジネスで一番大事な、場や雰囲気を読み取る繊細さがないのです。

商談など交渉の場で質問を聞いていると、質問者がどのくらいできる人なのかがよくわかります。つまり、質問に力があるか否かでわかるのです。質問に力があれば、話はどんどん進みます。逆に、ダメな人が質問すると、紹介した例のように、質問内容によっては人間関係が一瞬にして壊れ、成立したはずの取引もダメになります。

会社や組織に入ったから、突然「質問力」がつくわけではありません。普段から、話を前向きに促進する「質問力」をつける努力をすることは、社会人として大事な訓練となるのです。

79 対話を重視する

対話で解決できない問題はない。だから社会人として対話の達人を目指そう！


皆さんご存知ですか。

すべての問題が起こる根本的な理由が何であるかを。それは、対話が欠けているために起こる誤解からなのです。

ですから、どんな問題も、当事者間での直接の誠実な対話で解決できるのです。これはよくよく考えれば、人間社会において当たり前なことなのですが、なかなか理解・実践されていません。

そして、これは、悪意がある人は除いて、年齢・性別・国籍・人種・教育・育った環境・母国語などが違っていても、どんな人間社会でも通用するユニバーサルなルールです。二十年近く米国にいて、さまざまな人種・国の人とお付き合いしてみて痛感しました。

ところが、今若い人々は直接の対話をしません。ほとんどメールか電話で済ませます。それでもまだいいほうです。連絡すらとらない人がほとんどなのです。

驚くことは、会社でも、隣同士に座っていても、直接話さないでメールでコミュニケーションを取り合うのです。

対話はとても大事です。

メールと違って対話では、体全体を使って話したり聞いたりしますから、お互いとても理解しやすくなります。

自分の言うことを真剣に聞いてくれるだけで、相手に親近感を覚え、有り難味が出てきて今度は相手を理解しようと努力し始めます。

話す中身以上に直接対話による時間の共有は、お互いの心のドアを開き距離を縮めてくれるものです。

「できる社員」になるということは、周りの人や上司にリーダー（候補）として認められるということです。

リーダーとして最も大事な能力の一つは、リードする組織とそのメンバーを理解し、またリーダーとしての自分を知ってもらい、信頼を得て、ついてきてもらうことです。そうでなければ、リーダーは務まりません。

皆さんの周りで、総合的に人よりもできる人がいたら、ぜひその人を研究してみてください。普段はあまりその人と接したり、知るきっかけがないため、どうしてその人がそれだけできるという評価を得ているのか、わからなかったことでしょう。間違いなくその人は組織のメンバーと徹底的に誠実に対話をしてきた人なのです。

米国で国際会計・経営コンサルティング会社に勤めていた際、「超」スピード出世してきたアメリカ人を上司に持ちました。

仕事もできるのですが、彼の「対話力」たるものは、人並み外れたものがありました。上司、同僚、部下、取引先、顧客、外部アドバイザーと、どんなに忙しくてもできるだけ時間を作っては一対一の本音の対話をするのです。

その結果、私を含め皆彼のファンになったのです。彼のためなら、何でもしてあげたいと真剣に思ったものです。

本当に対話の威力ってすごいですね！

80 人から好かれる努力を

人から好かれることは、社会人として必須だ。しかし、特別なことをする必要はない。何事にも誠実に対応していれば、必ず人から好かれるから

「皆から好かれる人になろう！」

よく聞く言葉です。

これぐらい、言うのは簡単かつ当たり前のことで、なかなかできないことも少ないです。私自身、前の会社に勤務していた時に、実践しようとしていつもチャレンジしていましたが、好かれるどころか、チョッとした言動で誤解され、周りから嫌われてしまうのです。それから挽回《ばんかい》して好かれるようになるまで、格闘の日々が続きました。

「人から好かれることは、人から嫌われることより、数倍、数十倍難しい」

私の体験から来る実感です。

また、一生懸命皆に愛想を振りまいていると誤解され、俗に言う「八方美人」にされてしまうこともあります。最後には「あいつは、すぐ他人に迎合する！」と

か、「皆にいい顔する二重人格者だ！」ということで、軽蔑され、結局嫌われてしまうのです。

それではどうしたら皆から好かれる人になれるのでしょうか？

まず、何かの目的のために好かれようとすることは、偽善になるので、止めるべきです。それよりも、「どこに行っても、組織、会社、社会に役立つ人間になろう！」と、「人間性の向上」を目指しての言動であるべきです。人間性が向上すれば、他人にはその言動を通じて伝わり、評価してくれます。大好きになってくれるのです。

その「人間性の向上」のために、一番効果が上がることがあります。それは、チャレンジャブルではありますが、実はそれほど難しいことではないのです。

一言で言うと、何事も「誠実」に行うことなのです。誠実は、何ものよりも勝りますので。

二十年近く、米国でさまざまな国・人種の人々と接してきたなかで、誠実に対応していれば、こちらを好きになってくれるのは時間の問題であることを何度も体験しました。

最初、相手が喧嘩っぽくて、侃々諤々の状況だった時も、誠実さだけは忘れず対応していたところ、その心が通じて感心してくれました。

そして、信じられない言葉をもらいました。

「あなたがやることならば、すべて応援します」と。

また、米国の大手レストランが日本進出にあたり、パートナーを探していた際、すでに日本の大手企業がそのパートナーとして決まりかかっていました。

ところが、後からパートナーになりたいということで手を上げてきたベンチャー企業の社長は、誠実にその米国企業の経営陣に何度も何度もお願いしました。その社長の言動に感動した米国企業の経営陣は、アッという間に、そのベンチャー企業をパートナーとして選んだのです。

たった三十分のスピーチで、その社長は、初めて会った米国企業の経営陣を大好きにさせてしまいました。たかが三十分でしたが、そこには心温まる誠実な言動があったのです。

ビジネスといえども、所詮感情の動物である人間がやることです。誠実に勝る戦略・戦術はないのです。

81

5W1Hを忘れない

コミュニケーションをとる時は、必ず5W1Hを明言する。そうでなければ、「できる社員」とは見られない

「仕事は戦い、職場は道場であり戦場」

これは、私が前に勤めていた会社の「超」仕事ができたアメリカ人上司、ポール・ウィバーさんの口癖でした。今は私の口癖にもなっています。ウィバーさんは今では十万人のプロフェッショナルが勤める会社の経営陣の一人になっています。

ウィバーさんは、コミュニケーションの達人でした。その彼が、いつも、コミュニケーションにおいて私に要求していたことがあります。

「話は結論から先に言い、5W1H（だれが、なにを、どこで、いつ、なぜ、どうした）を必ず入れるように」です。

それだけ聞けば、仕事上必要なことのすべてがわかるというのが、ウィバーさんの仕事におけるコミュニケーションの論理です。

ウィバーさんはこれを実践すれば、仕事は必ず速くできるようになると、ことあるごとに私に言っておりました。

なぜなら、仕事で最も時間を取り、頻繁にするのが、人とコミュニケーションをとることだからと言うのです。ですから、コミュニケーションを効果的・効率的にすることによって、コミュニケーションでかかる時間を必要最低限に減らせば、空いた時間を他の仕事に使えるのです。

5W1Hをカバーすることの最も大きな利点は、人とコミュニケーションをとる時に、誤解が圧倒的に減ることです。これは、確認のために何度も同じことを言わなくて済むようになるので、とても助かります。

習慣になるまで大変ですが、慣れれば仕事が速くなると同時に正確にできるようになりますから、仕事上の成果も出て、時間的にも楽になります。そうすれば、心に余裕も出てくるから不思議です。まさに、「コミュニケーションにおける好循環」といえるのです。

82 場の空気を読む

場の空気を読めない人は、どんなに頭がよくても、いくら他のことができても、できない人と判断される

頭がいいから、また優秀だから、「できる社員」と見られると思っていたら大間違いです。

その人の「できる度」を判断する基準で最も多く使われる一つを挙げるとしたら、「場の空気が読める度」と言わざるを得ないのではないでしょうか。

会議や人と話をしていて、場の空気から判断して、言うべきこと、やるべきこと、さらに言ってはいけないこと、やってはいけないことが読めない人を見ると、「頭使え！」とか「黙れ！」、そして遂には「出て行け！」って叫びたくなることがありませんか？

私は頻繁にあります。

その人は、自分がどれだけ場をしらけさせたり、会議の進行を邪魔しているのかわからないのです。もっとも、そもそもわからないから、平気でそうしているので

すが。

特に忙しい顧客や役員を何人も集めて、会議をしたり話し合ったりしている時に、議題からそれるような発言をしたり、ポイントが外れた話を延々とする人がいたら、私は途中から黙ってもらうか、退席してもらうようにしています。でなければ、忙しい方々の大切な時間を奪ってしまうことになるからです。そのような発言は、とても失礼なことなのです。

お金は取っても後で返せますが、時間というものは、一度奪ってしまったら、二度とその時のその時間は返せません。

まさに、ビジネスにおいて、時間ぐらい大切なものも少ないでしょう。多くの忙しい方々にとっては、「タイム・イズ・マネー」ではなく、「時間はお金よりも大切なもの」ではないでしょうか。

新人の頃、そんなこともわからず、私は、会議や話し合いで偉い方々の「時間泥棒」ばかりしていました。そんなことで、遂には会議に呼ばれなくなったのです。本当は、私選手交代で、他の新人が呼ばれて会議の議事録を書かされていました。

の仕事だったはずなのに。

この時はさすがに落ち込みました。自分では出る会議や話し合いはすべて全力を尽くしたつもりだったので、なおさらです。

最初は、私が嫌われているのではないかと思いました。

それで、性格、癖、そして話し方のチェックを徹底的にしてみたのですが、心当たりがないのです。

遂に先輩に勇気を出して聞いてみました。

そうしたら、一言。

「君は、場の空気が読めなさすぎるからだよ！　いっしょに会議や話し合いしていると、場がしらけるだけでなく、イライラさせられる。『もう二度と同席なんかさせるもんか！』と、頭にもくる。もっともっと、マナーを身につけ、大人になれよ！」

私は、ハンマーで頭を叩かれた思いがしました。

というのは、自分ぐらい準備と気配りをして会議や話し合いに臨んでいる人は会社でもそういないとの自負があったからです。それが評価はまったく逆で、ダメ人間の烙印《らくいん》を押されてしまっていたのです。悲しすぎて涙も出ませんでした。

確かに私は昔から鈍感な人間ではありました。だからこそ、気をつけてきたのです。ことビジネスにおいては、仕事ができない分、気配りは徹底してやっていたつもりでした。

その一番自信がある分野で、ダメだと判断されてしまいました。〈もう、止めよう。僕には所詮無理だ〉と、真剣に転職を考えました。かなり自信喪失してしまいました。

考えに考え、悩みに悩んでも、結論が出ませんでした。それで、最後にメンターに相談してみました。そうしたら、目から鱗が落ちる言葉をいただいたのです。

「要するに、君は、絶えず相手の立場に立って言動していないから、会議や話し合いでも、場の空気が読めないのだよ。人間社会で生きていくうえで、最も大切な能力の一つは、言葉だけでなく、その場その場の空気を読んで言動していくことなんだ。だから、これからは、自分の立場ではなく、話している相手の立場や気持ちをよくよく考えたうえで、発言してごらん。相手に感謝されたり、喜ばれるようなことが言えるようになるから」

「なるほど、僕は単に理論的なことばかり考えていました。自分の立場だけ考えて発言していたから、相手にとって失礼なこと、意味のないことなどを言っていたのですね。今日からは、まず、相手の気持ちや立場に立って考え発言するようにします！」

この事件のお陰で、私は何か言動する前に、まず自分が本当に相手の立場を理解しているのかどうかを、徹底的に確認するようにしました。

その成果があって、その会社を退職する時には、「場の空気を読む達人」という異名をいただけるようになりました。

まさにダメ人間だった私でも、やる気一つで「成せば成る」との実感を持つことができたのです。

第6章　「すごい社員」を目指す

人間は所詮感情の動物。
理屈では誰も動かない。
人間を心から動かすのは
誠心誠意の言動のみ。

だから人間を磨こう。
だから成長しよう。
最期の瞬間まで。

直太

浜口直太

83 「できる社員」ではなく、「すごい社員」を目指す

同じ目指すなら、「できる社員」に留まらず「すごい社員」を。
「すごい社員」とは、本物のプロフェッショナルをいう

ずっと「できる社員」になるための方法を説明してきましたが、我々が最終的に目指すべきは、「できる社員」ではありません。「すごい社員」なのです。

「できる社員」とは、単に他の社員より総合的にできる社員のことをいいますが、国際的に激しい競争に入った二十一世紀の今、その程度の社員ではまったく本格的な戦力としては不十分です。

それこそ、本物の勝ち組社員となるためには、「すごい社員」にならなければなりません。

それでは、「すごい社員」とはどんな社員なのでしょう?

私の定義では、本物のプロフェッショナル(プロ)を意味します。つまり、プロ中のプロを指すのです。

成果主義を基盤に、生産性、効率、効果、競争力、スピードを探求する現代の企

業経営の環境において、必要なのは、社員でありながらまさに本物のプロの意識を持った人たちです。

私は、すでに数多くの講演や出版物で、「本物のプロとは？」を紹介してきましたが、念のため、次にその十六条件をここでも紹介しておきます。

(1) 仕事に人生を懸ける人
(2) 不可能を可能にするために限りなき努力をする人
(3) 自分の仕事に誇りを持つと同時に謙虚な人
(4) 先や時代を読んで仕事をする人
(5) 時間より目標を達成させるために仕事をする人
(6) 高い志・理念・目標に向かって邁進する人
(7) 結果にすべての責任を持つ人
(8) 成果によって報酬を得る人
(9) 仕事において甘えのない人
(10) 能力向上のために常に学び、努力し続ける人

(11) 仕事を通して人間性・能力を高めていける人
(12) 謙虚にかつ貪欲に誰からでも学ぼうとする人
(13) 仕事を通して周りの人に夢と感動を与える人
(14) 仕事のために自己管理が徹底できる人
(15) 尊敬できる人（メンター・師匠）を持ち、その人から徹底的に学んでいる人
(16) 真剣に人材（後輩）育成している、または将来する決意のある人

私がまだ米国で大手コンサルティング会社に勤め始めたばかりの頃、突然アメリカ人上司に呼び出され、一喝されました。

「君にはプロ意識がなさすぎる！　安月給だと思っているかもしれない。だが、まだ新人で成果を出していないのだから報酬が低いのは当たり前だ。しかし、たとえ一セントでも仕事の対価として報酬を得たら、我々の世界では、その人はもうれっきとしたプロだ。プロの世界では、成果を出せない人は一人もいらないよ！　たとえば、プロ野球の投手が、『一生懸命投げ抜いたけど、十点取られて負けちゃった！　でも新人だからしょうがないや〜』では、プロ失格だ。同じように、我々も『仕事の成果は出せなかったけれども、新人として一生懸命やったからしょうがな

い』という言い訳は、許されない世界なんだ。プロの世界は結果がすべてだ。新人とかベテランとかは、顧客からしたら関係ない。成果さえ出してくれれば、誰がやってもいいのだ。今日から新人としての甘えとサラリーマン根性を捨てろ！」と。

彼の言葉にはものすごく説得力がありました。なぜなら、彼こそそうやってプロ中のプロとしての道を究め、出世し続けてきたからです。

当時いた世界最大級のコンサルティング会社のニューヨーク本社からすると、ケンタッキー州立大学という、三流大学を出たにもかかわらず、一流大学出身者ばかりの同期入社組の中でも出世頭として社内で名を馳せたのが、その上司だったのです。

その彼が、入社直後から仕事でどんどん成果を出し、あれよあれよという間に出世していったのでした。

新人の頃から、徹底した実力主義で大きな成果を出し続けてきた彼からすると、仕事が遅く、雑でミスばかりしている当時の私は信じられない存在だったのでしょう。

将来その道で独立することを考えていた私は、彼の言葉には一言もないくらい納得させられました。

そして、本物のプロを目指すことを一大決心したのです。

私は、すでに紹介しましたプロとしての十六条件のリストをどこに行くにも持ち歩いています。プロとしての高い意識を維持し続けるために定期的に目読することで、自らを初心に返らせ戒めるためです。

独立する前のまだ会社に勤めていた頃、このリストにあるようなプロになれるよう挑戦を始めたら、急に仕事にやりがいを感じ始め、楽しくなっていったのを今でも鮮明に思い出します。

そして、職場で大きな変化が起こりました。周りの人が、私がやることを「できる」から「すごい」と言い始めたことです。

自らの体験から、このプロ意識を持って挑戦していけば、必ず「すごい社員」になれることを確信します。

84 人間性を高める

人間性を高めることが、人生を豊かにし、幸せと成功を呼ぶ

ジェフ・スミスという、情報システムをテキサス（州立）大学大学院で講師として教えていた友人がいました。

テキサス州の財政が悪化したため、州立大学でも大幅な予算カットになり、ジェフは、突然大学院から解雇されてしまいました。困ったジェフは、私に相談してきたのです。

「ネイト（私の米国でのニックネーム）、君はほとんどの日系ＩＴ関連企業のトップを知っているよね？」

「まあね。だって彼らは私の今までのクライアントだから……それがどうかした？」

「頼むから、私の採用の検討をしてもらうよう彼らを紹介してくれないか？」

人助けが大好きな私は、二つ返事で紹介することを引き受けました。

早速、大手ＩＴ日本企業の米国子会社約二十社の社長に連絡をとり、見習い採用

を前提に、ジェフを面接してもらえるようお願いしました。そして、ほとんどの会社が面接を承諾してくれました。

そこで、ジェフは、私が推薦する日系企業に面接に行きました。

ところが、受けた会社からことごとく不採用とされてしまったのです。理由は、面接の際、彼があまりに元気がなく、何を聞かれても自信がないような曖昧な回答をしたためです。実はそれは、彼の悪い癖だったのです。さすがの各社の人事担当者も、呆れてしまったとのことです。

「わが社では、彼は無理だ！　やはり所詮大学から解雇された程度の人間なのだろう……」

という厳しい評価をされてしまったのです。それもよりによって、私が紹介した会社すべてからです。考えられないことです。

今から思うと、これにはとても深い意味があったのです。

結局、働き先が見つけられなかったジェフは、悩んだ挙句、たった一度の人生を悔いなく生きるため、起業に挑戦することを決めました。

申し訳ないのですが、私は当時ジェフには経営者としての資質はないと判断していました。ですので、ジェフが私に起業支援の要請をしてきた時、正直言って迷いました。人間的にいい人だけに、ジェフには致命的な失敗をしてもらいたくなかったのです。

それで、一つの案を思いついたのでした。

もし、ジェフがいいパートナーと組んで、彼の弱いところをそのパートナーが補ってくれれば、成功するかもしれないと。そこで、ジェフに起業支援のための一つの条件を出しました。

それは、ジェフが心から信頼でき苦楽を共にできる人の中で、経営管理がしっかりできる人を探し、ナンバー2、つまり最高執行責任者（ＣＯＯ）として迎え入れることでした。

それができれば、そもそも技術力に長けているジェフにも成功できるチャンスはあると判断したからです。

驚いたことに、ジェフは、大手投資銀行投資部門の責任者をしていた中学時代からの親友にすぐに電話をし、ＣＯＯ職を受けてもらえる内諾を、その場で取り付けてしまったのです。

またその後、気が優しく人思いのジェフが事業を始めたことを聞きつけてきた友人たちは、ジェフの会社に投資したのみならず、さらにボランティアで営業や追加資金集めを手伝ってくれたのでした。

お陰でジェフの会社は、創業と同時にどんどん急成長し、三年後にはある大手企業から買収されたのでした。

その買収金額を聞いて私は驚きました。なんと約一二〇〇億円だったのです。

今から振り返っても、後にも先にも短期間でそれだけの企業価値を高めたケースを、私は知りません。

そして、もっとビックリすることがありました。

会社売却で手に入れた大金の半分を、ジェフは、彼自身を含め事業にかかわってくれた友人たちに分配し、残り半分を、エイズや癌《がん》を研究するための基金、恵まれない子供達や病院、そして介護団体に寄付してしまったのです。

「本物の人間性が人生を豊かにし、幸せと成功を呼ぶ」

これは、彼と出会って私がつくづく感じたことです。

85 「一人立つの精神」でやり抜く

「すごい社員」のすごい所以は、誰がやらずとも、たった一人でもやり抜くところ

「なんでうちの部は、他の部みたいに、面倒見がよくないのだろう?」「なんでうちの会社は人材を育てようとしないのだろう?」

さまざまな企業にコンサルタントとして関わってきて、よく聞く嘆きの声です。

確かにそうなのかもしれません。

ただ、こういったため息を聞く際、いつも気になることがあります。

それは、なんでも会社や周りの人に依存していて、他の人がやらない、もしくはやれないなら自分もやらないという、ことなかれ主義的な言動をとる人があまりにも多いことです。

誰かが勇気を出してやらなければならないのです。

ならば、会社や組織の批判や評論をする前に、なぜまず自分でやらないのでしょうか?

私は、自分の会社で、やらずして批判したり評論したりする社員を見つけたら、厳しく叱《しか》りつけます。

そういう人に限って言う言い訳があります。

「でも、誰もしようとしないですから……」

それを聞いて、私はものすごい剣幕で叱ります。

「じゃあ、なんであなた一人でも立ち上がらないの？　一人だけでも挑戦しないの？」

「人から批判されたり、叩かれるので……そんな勇気がありませんので……」

「だったらあなたが批判したり、評論したりする権利はないでしょ？」

あるクイズ番組で「日本人社会で、最もつらい仕打ちはなんでしょう？」との問題がありました。

答えは「村八分になること」でした。

欧米の場合、小さい頃から個性を伸ばす教育やリーダー教育が徹底しているため、人の目を意識することなく、自分の頭で考え、周りの人に反対されても堂々と実行する「一人立つの精神」を持った人が多いようです。

私の二十年間の海外生活で、欧米人の自己主張の強さには何度も驚かされてきました。こうだと思ったら、非難されようと叩かれようと、一人目標に向かって邁進します。

日産自動車のカルロス・ゴーン社長もまさに「一人立つの精神」で堂々と指揮をとって会社を再生させました。

たった一度の人生です。自らが信じる道を一人立って堂々と進みたいものです。

86 「人間関係マネジメント力」がすべて

所詮、我々は感情の動物である人間が集まった社会の中で生きているので、「人間関係マネジメント力」のある人が一番評価され、最も成功する

会社を含め人間が集まる組織活動を通じて最もよく学べることの一つは、人間関係マネジメントの大切さです。

組織における人間関係マネジメントとは、さまざまな人間と良好な関係を構築し、組織のために頑張れるよう高いモチベーションをメンバー一人ひとりに維持してもらうことを管理していくことでもあります。

また、組織活動で最も重要なスキルも人間関係をマネジメントする力、要するに「人間関係マネジメント力」です。

結局バックグランドの違うさまざまな組織の人間一人ひとりを理解し、組織が目指す方向に一同を向かわせ、最大の力を発揮してもらうためには、しっかりした信頼に基づいた人間関係で結ばれていることが大前提です。もしそうでなければ期待する成果も出ません。最悪の場合、組織は機能せず崩壊することもあるでしょう。

二十年間日米アジアで様々な組織に関わってきましたが、リーダーが人間関係マネジメントを組織内で徹底できず、自然消滅したケースも数多く見てきました。組織でのマネージャーの仕事も、他の人々、つまり上司、同僚、部下といかに関わっていくかということで、マネージャーになるためには人間関係マネジメントに長けていることは必須条件です。これを「対人関係スキル」とも呼べます。

組織で伸びる人とそうでない人は、そこに決定的な違いがあります。

組織に長くいると、どんどん新人が入ってくることもあり、時間の経過とともに、本人が好むと好まざると、先輩という立場からリーダー的役割を果たさなければならなくなってきます。

そこで、伸びる人は積極的に前向きにどんどん他の人と関わり、引っ張っていきます。そして、組織と個人にとって良好な関係構築に細心最大の注意を払い、誠心誠意対応します。

一方、伸びないメンバーは、まず人間的に成長しようと思っていませんので、人間関係が煩わしく、対人関係スキル向上の努力もしません。

したがって、組織の中での評価も悪くなりますし、孤立していきます。

一人でする仕事をしている場合、孤立してもやっていけることもありますが、通常組織から孤立していけば、周りから邪魔な存在として扱われることでしょう。

また後から入ってきた後輩に、報酬面でも役職面でもどんどん追い越されていきますので、その組織に属していること自体面白くなくなります。組織から離れていかざるを得ないのは、時間の問題です。

しかも、そういった人は、どこの組織に行ってもうまくいきませんから、長くはいられません。結局どこの組織にも属さず、一匹狼的に生きていかなければならなくなります。

人間社会に生きている以上、人間とのかかわり、ひいては「人間関係マネジメント力」があることは、必要不可欠で、それができないとどこに行っても通用しないのです。

逆に、「人間関係マネジメント力」がある人は、どこの会社でも評価・感謝され、成功するのです。

87
メンターを持つ

メンターを持つと、具体的な人的目標ができるため、信じられないような努力ができるようになる

私には師匠、つまりメンターが何人もいます。人生のメンター、経営者としてのメンター、経営コンサルタントとしてのメンター等々です。

相手の了承なしで、皆私が勝手にメンターにしているだけですが、でもとても心強い存在です。私の心の支えでもあります。


過去多くのメンターにお世話になりました。

日本での大学時代、米国での経営大学院（ビジネス・スクール）時代、米国でのサラリーマン・コンサルタント時代、米国で国際経営コンサルタントとして独立したての頃、日本で国際経営コンサルティング会社を設立したての頃、そして今。

その時々にメンターが変わりましたが、人生のメンターは変わりません。

その方の下で学びたいがために、その方が創立した高校・大学に行きました。

なぜメンターを持つことにこだわるかといいますと、メンターを持った人は、そうでない人に比べると、大きな人間的成長を成し遂げ、真剣に師弟の道に生きるならプロとしても実力をつけていけるからなのです。

ですから、本物のメンターを持った人は強いのです。


理想は、同じ会社・組織内でメンターを見つけることです。

メンターは自分がいるところから距離が近ければ近いほど生々しく、その存在で強烈かつポジティブなインパクトが得られます。

「同じ人間なのになんでここまでできるのだろう！」と。いい意味での焦りが出てきます。


私は元々理解力と記憶力が弱く、勉強は大の苦手で専門能力もありませんでした。そんな中、奇跡的に雇ってもらえた大手コンサルティング会社で、サラリーマン・コンサルタントをやっていた頃は、行く先行く先の部署で即座にメンターを見つけまくりました。

その人を勝手に自分の目標にしてそのレベルに近づこうと懸命に努力しました。

現実はあまりに能力・実力の差があり過ぎて、近づくどころか、時間が経てば経つほどその差は開いていったのです。

ただ、メンターを持つと、メンターを持たないで頑張っていた人よりは、比較にならないほど努力もできますし、その分力もついていきます。メンターという具体的な目標が目の前にいるから、信じられないくらい頑張れるのです。

また、メンターから、さまざまな苦労話や体験談、考え方、価値観、アドバイスなど、人間としてまたプロとして成長するために大切なことを直接学べるのです。

メンターが同じ組織にいれば、メンターがどのように力をつけ、その立場を確立したのかが具体的に学べます。

物理的距離が近いと雲の上の存在にはなりませんので、親近感を持って頑張れるのです。

組織運営のうえでも健全なことです。組織のメンバーそれぞれがメンターを見つけ、目標にし日々努力し、切磋琢磨《せっさたくま》することは、組織の活性化に繋がるからです。

ですので、私は組織内でメンターを見つけ、具体的な目標として努力することを組織を伸ばす観点からも大いに奨励しています。

88 保身を捨てて全力でやり切る

保身を捨てて全力でやり切れる人こそが、「すごい社員」

日本は、残念ながらいまだにサラリーマン中心社会です。

ただ、サラリーマン組織にも素晴らしいところはいっぱいあります。たとえば、会社・組織の一員として、一人ひとりが地道に毎日やるべきことをコツコツ行います。上司と部下の狭間《はざま》で、ある時は上司のために責任を被り、ある時はミスをした部下を守るという、まさに浪花節《なにわぶし》的で可哀相なくらいです。

しかし、これからは、たとえサラリーマンでも会社の中でプロフェッショナル（プロ）としての生き方を極めなければ、生き残れなくなりつつあります。

『できる社員』ではなく、『すごい社員』を目指す」で、プロの定義と条件はすでに紹介しました。

そこで言いたかったのは、サラリーマンたりとも、一円でもお金をもらって仕事をしている限り、「結果にすべての責任を持つというプロとしての生き方」を目指すべきだということです。

衰退していった会社や組織には共通点があります。社長や社員が保身で言動していることです。

組織の顔であり総責任者でもあるリーダーが、自らの保身でリーダーシップをとっていたら、誰がそのリーダーと会社・組織を信じられるのでしょうか？

しかし、日本には今まであまりにもそんなリーダーと会社・組織が多かったのです。

私が影響力を持っている会社や組織では、人や会社・組織の批判や評論をする人を絶対にリーダーや大事な立場には据えません。

人や会社・組織の批判や評論をする評論家タイプの人は、万が一間違って組織の中心者になっても、自分の保身のため他人や他社の批判や評論はしても、新しいことに挑戦するようなリスクのあることはまずしません。

丁度、誰がなっても変わらない大企業の社長や官僚のように、です。

保身を捨て、その会社・組織のためにすべてをかけられる人こそ、リーダーや重要な立場に就く資格があります。

幕末から明治維新にかけて活躍したリーダーたちは皆、国のために命を捨てる覚悟で活動しました。だから、あれだけの改革を成し遂げられたのです。

今、日本の会社や組織に必要な人は、組織のため、メンバーのために命をかけて戦える「すごい社員」「すごい人」なのです。

89 「ギブ&ギブ&ギブ」の実践を

見返りを期待せず困っている人を応援し続けられる人は、「原因結果の法則」から、幸運の人となる

私は、講演や執筆の度に、「ギブ&ギブ&ギブ」の精神の大切さを説いてきました。

ポイントは、「親の愛情のように見返りを一切期待せず、徹底的に人の相談に乗り手助けしてあげること」なのですが、これがなかなか簡単ではありません。頭で理解できても、これを実践するとなると、ともすると物質主義や自己中心主義になりがちな自分と厳しい戦いをしなければなりません。

しかし、一度これを真剣に徹底的に実践した人は、どれほど「ギブ&ギブ&ギブ」を実践すること、つまり見返りを考えずにお手伝いをし続けることが、自身を幸せにしてくれるかよくわかるはずです。

見返りを考えずにお手伝いすると、周りにあなたのファンが増え、気がついたら多くの人があなたを尊敬し慕い、応援したくなっています。

あなたのために何かしたくて、周りの人はあなたのことを放っておきません。

それを実践していれば、部署で誰かを昇進させなければならない場合、上司を含め周りの人は、真っ先にあなたを推薦することでしょう。

これを人は、「人望が厚い」とか「面倒見がよい」とか「人徳がある」とかいいます。


出世のために人のお手伝いをしようとすると、不思議なもので、その言動からすぐその魂胆がバレてしまいます。

どこか恩着せがましくなり、かえっていやらしく、手伝われたほうは気持ちが悪くて素直に喜び感謝できません。


米国にいた際、五千人のメンバーを有する非営利組織（NPO）のリーダーをしていました。社会で悩み苦しんでいるさまざまな人々を支援する組織です。

ある時、エイズで死にかかっている男性のところに行って激励することになりました。メンバーはうつったら怖いとか、激励の仕方がわからないとかの理不尽な理由で、誰も行きたがりません。その時、ある一人の男性が立ち上がり、ぜひ行かせて欲しいと言うのです。

その人は、それから五年後に世界最大級の石油会社のCEO（最高経営責任者）に大抜擢されました。

実は彼は当時違う会社に勤めていたのですが、彼のその勇気ある言動が伝説となり、さまざまな会社から講演を依頼されるようになりました。

そのうち、講演先の一社であるその大手石油会社にヘッドハントされたのです。ただただお手伝いしたかった彼もビックリです。

私にしても、「ギブ&ギブ&ギブ」の実践の威力を目《ま》の当たりにした、いい勉強かつ経験になりました。

90 絶対に諦めない

途中どんなに悲惨な状況に陥ろうと、人生終わってみなければわからない。諦めずやり続ければ、最後には必ずやり遂げられる

長いキャリア人生において、一時期自分がやりたくない仕事の部署に回されたり、場合によっては、「左遷」されることも出てきます。その人が、人間として一流、また本物かどうかは、その時にどうするかではっきりとわかるものです。

意にそぐわない部署に回されたり、「左遷」されることで腐ってしまい、「頑張っても所詮評価されないのだ」とか「それなら、これからは仕事もほどほどにしよう」ということで急に手抜きを始める人が多いのです。

それは大きな間違いです！

私が知る限り、大企業をも含めサラリーマン社長をしている人で、入社してから一度も嫌な部署に回されなかったこと、もしくは、左遷歴のない人は、一人もいません。

仕事もでき、皆から好かれる人でも、必ず一度は、そのような辛い立場に追い込

まれてきています。

ある程度、仕事ができ人望があれば、ほどほどに出世はできます。係長、課長、部長クラスですとポストも多いので、その程度の立場につくことは、できる人にとってはそう難しいことではありません。

ところが、本部長、取締役、常務、専務、副社長、社長と上の位にいけばいくほど、ただ単に仕事ができたり、人から好かれるだけでは、なかなかそのような要職にはつけません。

そこでは、「運」も非常に大事になってきます。

私は、新卒で入社当時とにかく仕事ができませんでしたので、いじめられることも多く、それ以上に何度も辞めさせられそうになりました。

「どうせいつか辞めさせられるなら、これ以上もうできないというくらい、精一杯頑張ろう！　それで辞めさせられたら本望だ！」ということで、絶対に諦めないで、毎日与えられた仕事に全力で打ち込んでいました。

そうしたところ、急に、部署が変わったのです。

それで、たまたま途中から付いた上司が、「超」仕事ができ、「超」人望があり、「超」強運の人でした。

彼が出世するごとに、部下である私もセットで、役職と報酬が上がっていったのです。非常にラッキーでしたが、もし前の部署で頑張ることを諦めていたら、その昇進も昇給もあり得なかったことでしょう。

91 すべては志次第

志が高ければ高いほど、すごい人、偉大な人になる

日本の教育機関の歴史において、私塾「松下村塾」ほど、短期間で多くの一流のできる人材を輩出したところは他にはないでしょう。

当時の塾長だった吉田松陰は、一八五六年（安政三年）出獄して、安政の大獄により三十歳で刑死するまでの間、わずか二年半で、そのような日本を背負って立つ若きリーダー約八十人を育成したのです。

当時二十八歳だった若き師、松陰は、高杉晋作、木戸孝允、久坂玄瑞、前原一誠、山縣有朋、品川弥二郎、伊藤博文など幕末から明治維新にかけて活躍した人材を育てました。

この松下村塾は、物置小屋を改築した質素な小さな建物でした。そして、藩が作った学校「明倫館」へ入学できないような下級武士の師弟が多く学んでいました。

しかし、彼らは、幕末から明治維新で主役となり、日本の歴史を大きく変えまし

た。吉田松陰の構想を実現させるため戦った弟子たちです。

山口県の田舎にあった小さな私的組織「松下村塾」から短期間でこれだけの人材を出し、日本を変えてしまったことは、まさに組織における模範ではないでしょうか。


行かれたことがある人はおわかりになりますが、松下村塾はとても教育機関とはいえないくらい小さなあばら家でした。木造瓦葺き平屋建てで、当初八畳一間に十畳を増築したものです。

しかし、志は高く、人格の修行を柱とし、社会に有用な人材の育成を眼目とし、塾生の個性を尊重しました。常に世界の形勢や日本の実情に立って、内憂外患の危機状況にいかに対処して行動するべきかという強い問題意識に支えられていました。塾には厳正な規則を定めず、生徒を率いるというよりも相互に親しみ助け合い、尊敬信頼し、互いに魂のとびらを開いて交わらせるという人間教育でした。

松下村塾から学ぶべきことは、人材育成において、資金・規模・設備・場所・期間・年齢・経験・知名度などの物理的または形式的なことよりも、組織の崇高な理念と目的、リーダーとメンバーの高い志など精神的なことのほうが比較にならないほど大切だということではないでしょうか！

「うちは小さく知名度もお金もないからよい人材も来ないし、育つ土壌がありません」と、よく中小企業の社長さんたちが言われます。

しかし、組織に崇高な理念と目的、そしてリーダーの高い志があれば、人材は集まります。また、そこに集まったメンバーは、すごいリーダーへと育つのです。

Epilogue　日米アジアで培った「浜口流『超』自己急成長法」

ワタミの渡邉美樹会長は、よく「夢に日付をつける」と言われます。夢はそのままであれば、叶わぬものになってしまいます。

しかし、渡邉社長が言われるように、その夢を実現することは、実はそんなに難しいことではないのです。

夢を基に、十年後、五年後、三年後、一年後、半年後、三か月後、一か月後、一週間後、明日、今日の午前中と午後と夜という具合に期間を限定した、それぞれの数値目標を立て、それらを達成するようにすれば、夢も時間の問題で実現できてしまうのです。

この夢実現方法において、「夢に日付を！」と言われている渡邉社長と私はまったく同じ考え方をしていると思います。

一般には、この期間ごとの数値目標と計画は「行動計画」（Action Plan）と呼ばれています。それは、いついつまでに誰が何をどうするという具体的な行動とそれに伴った目標数値を決めた計画なのです。

その計画表によると、計画のずれがすぐにわかるようになっています。計画と実際の結果が違えば、原因と責任追及がなされ、その都度迅速に修正・変更・追加ができます。

ちなみに、私はこの夢から逆算して行動計画を立てることを、「夢逆算行動計画」と勝手に名づけています。そして、それを実行することが、「浜口流『超』自己急成長法」なのです。

夢というと多くの人の場合、実現不可能なことと受け止めていることが多いようですが、この「夢逆算行動計画」から判断すると、不可能どころか、かなり実現の可能性が高くなるのです。

私も高校三年生のときに、その「夢逆算行動計画」を立てました。ご参考のために、そのポイント（大学卒業後からの）だけを次に紹介します。

22～32歳　日本の大学卒業後、大手国際会計・経営コンサルティング会社（米国）で修行する

●その間、米国の経営大学院（ビジネス・スクール）でビジネス理論

を学び教え、経営管理学修士号（ＭＢＡ）を取得する
●独立に必要なもの、特に人脈、経験、知識、ノウハウ、資金、知名度、信用を得る

32～42歳
●国際経営コンサルティング会社を設立し、経営を安定させる
「国際経営コンサルタント」として米国で独立する
●日本にも逆進出する

42～52歳
業界でオンリー1の存在となる
●ベンチャー・コンサルティングでは、ナンバー1になる
●仕事の一環として、ビジネス作家としてデビューする
●本を百冊以上出版し、一千万部以上売る

52～80歳
趣味としてのコンサルタント業をしながら、世のため人のために生きる（八十歳で死ぬことを想定）
●人の相談に乗り、激励・応援しまくる
●世のため人のため世界平和のために、命を賭けて活動する
●本を三百冊以上出版し、三千万部以上売る
●最後まで信念を貫き通した余生を送る

お陰さまで、現在まで、この「夢逆算行動計画」を実行しながら、人生を歩んでいます。

現在私は四十九歳で、今まで七十冊の本を出版してきました。この表で見ていただくとおわかりのように、三年後までに、あと三十冊の本を書かなければなりません。国語が苦手で、書くのが遅い私にとって、大変な挑戦です。「夢逆算行動計画」でいくと、一か月に一冊のペースで本を書き続けなければなりません。

そして、一冊あたり平均十万部以上売らなければならないのです。それだけ売るとなると、ビジネス書としてはベストセラーになるので、一冊一冊の執筆・出版が真剣勝負となります。

あとは毎日その計画に従って実践あるのみです。それが、夢実現の近道だからです。

本書が「できる人」を目指されている方々の少しでも参考になれば、筆者としてこれ以上嬉しいことはありません。大事なことは、「できる人」になることではなく、「できる人」になることを目指し、日々努力し続けること自体で、それこそが働くことの重要な意義の一つだと痛感します。ですから「できる人」を目指し、共に日々頑張りましょう！

浜口直太

〔参考文献〕

『道をひらく』松下幸之助（ＰＨＰ研究所）
『人を動かす』Ｄ・カーネギー（創元社）
『プロフェッショナルの条件』Ｐ・Ｆ・ドラッカー（ダイヤモンド社）
『生命体経営学』藤田史郎、飛岡健（河出書房新社）
『会社に入ったらすぐ読む本』船井総合研究所（大和出版）
『マッキンゼー式 世界最強の仕事術』イーサン・Ｍ・ラジエル（英治出版）
『電通「鬼十則」』植田正也（ＰＨＰ文庫）
『ＭＢＡでは学べない 勝つ経営の本質』浜口直太（日経ＢＰ企画）
『経営者の教科書』江口克彦（ＰＨＰ文庫）
『人は仕事で磨かれる』丹羽宇一郎（文藝春秋）
『あたりまえだけどなかなかできない 仕事のルール』浜口直太（明日香出版社）
『ザ・プロフェッショナル』大前研一（ダイヤモンド社）
『あたりまえだけどなかなかわからない 組織のルール』浜口直太（明日香出版社）
『凡人でも上場できる！ 起業の黄金ルール』浜口直太（日本実業出版社）
『不可能を可能にする成功力』浜口直太（第二海援隊）

『あたりまえだけどなかなかできない 出世のルール』浜口直太（明日香出版社）
『天職の見つけ方』浜口直太（講談社）
『仕事が速い人のすごい習慣&仕事術』浜口直太（PHP研究所）
『仕事と人生を熱くする、いい話』浜口直太（インデックス・コミュニケーションズ）
『成功の「新」ルール』浜口直太（大和書房）
『アメーバ経営』稲盛和夫（日本経済新聞社）
『きみはなぜ働くか。』渡邉美樹（日本経済新聞社）
『知っているようで知らない お金儲けのルール』浜口直太（廣済堂出版）
『そのやり方では一生うだつはあがりません』浜口直太（PHP文庫）
『プロフェッショナル原論』波頭亮（ちくま新書）
『図解 一流の仕事力』浜口直太（PHP研究所）
『能率10倍のシンプル仕事術』浜口直太（PHP研究所）
『仕事がどんどん面白くなる「やる気」の法則』浜口直太（青春出版社）
『たった一言が、人生を変える。』浜口直太（インデックス・コミュニケーションズ）
『「ダメな自分」から立ち上がる「心のギア」の変え方』浜口直太（海竜社）
『最後のルール プロフェッショナルになる16条件』浜口直太（G.B.）

著者紹介
浜口直太（はまぐち　なおた）
国際経営コンサルタント兼外食事業家。株式会社JCI代表取締役社長。
創価高校、創価大学経営学部経営学科卒業。テキサス大学経営大学院MBA取得。同大学院博士課程、更にウォートン・スクール博士課程で財務、国際経営を専攻する傍ら、同大学院で教える。米KPMGピート・マーウィック、米プライス・ウォーターハウスを経て、米国で経営コンサルティング会社を設立。
その後、東京に国際ビジネス・コンサルティング会社「株式会社JCI」を設立し、代表取締役に就任。外資系ベンチャーキャピタル（VC）のマネジング・ディレクターの兼任を経て、日米のVCやベンチャー企業数十社の役員・顧問を歴任。米国大手レストランチェーン、Sbarro（スバーロ）社と合弁で株式会社Sbarro Japanを設立し、代表取締役会長兼CEOに就任。現在まで、日・米・アジアで1200億円以上の資金調達と50社以上の上場を支援。
著書に『あたりまえだけどなかなかできない仕事のルール』（明日香出版社）、『仕事が速い人のすごい習慣＆仕事術』（ＰＨＰ研究所）など、70冊以上がある。

【連絡先】
株式会社JCI　http://www.jci-inc.com　e-mail：nate@jci-inc.com
浜口直太のブログ　http://ameblo.jp/hamaguchi/
随時セミナーも開催しておりますので、ご参加をお待ちしております。

本書は、2007年３月に実務教育出版より刊行された『「できる社員」になる教科書』を改題し、加筆・修正したものです。

PHP文庫　「あの人はできる」と思われる人の91のルール

2010年3月17日　第1版第1刷

著　者　浜口直太
発行者　安藤卓
発行所　株式会社PHP研究所
東京本部　〒102-8331　千代田区一番町21
文庫出版部　☎03-3239-6259(編集)
普及一部　☎03-3239-6233(販売)
京都本部　〒601-8411　京都市南区西九条北ノ内町11
PHP INTERFACE　http://www.php.co.jp/
組　版　朝日メディアインターナショナル株式会社
印刷所
製本所　共同印刷株式会社

ISBN978-4-569-67399-8

素直な心になるために

松下幸之助 著

人が本来持っている「素直な心」を養い、高めるには？ 著者の長年の体験と鋭い洞察から生まれた、素直な心になるための貴重な指針の書。

定価五四〇円
（本体五一四円）
税五％

PHP文庫好評既刊

社員心得帖

松下幸之助 著

厳しい企業環境のなか、いま社員の質が問われている。自らを高めるためになすべき事、考えるべき事とは？　体験豊かな著者が切々と説く。

定価五〇〇円
（本体四七六円）
税五％

PHP文庫好評既刊

成功への情熱―PASSION―

稲盛和夫 著

一代で京セラを造り上げ、次々と新事業に挑戦する著者の、人生、ビジネスにおける成功への生き方とは？　ロングセラー待望の文庫化。

定価五八〇円
（本体五五二円）
税五％

PHP文庫好評既刊

この世で一番の奇跡

オグ・マンディーノ 著／菅靖彦 訳

人生に疲れた男が、ある日、自分を見失った人々を救うという老人に出会う。そして起こった奇跡とは……。世界700万部のベストセラー。

定価五八〇円
（本体五五二円）
税五％

PHP文庫好評既刊

心の休ませ方

「つらい時」をやり過ごす心理学

加藤諦三 著

人生には頑張る時と、休む時がある。生きることに疲れたら、どうすべきなのか？ 多くの人をホッとさせたベストセラー、待望の文庫化。

定価五〇〇円
（本体四七六円）
税五％

PHP文庫好評既刊

こんなことも知らないの?

大人のマナー常識513

幸運社 編

知ったかぶりやカン違いのマナーで「とんだ恥知らず」になっていませんか? 言葉遣いから慶弔、食事の作法まで「社会人の常識」満載。

定価六二〇円
(本体五九〇円)
税五%